懂财务的企业更赚钱
人人都看得懂的 财报书

孟庆宇 ◎ 著

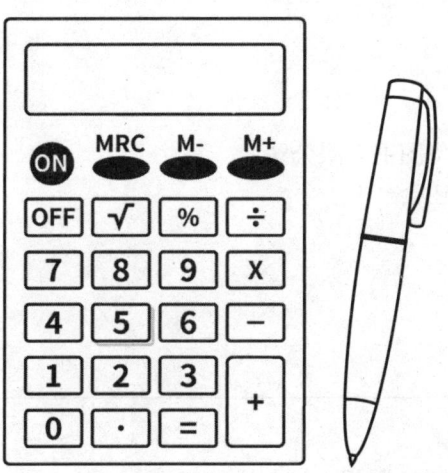

北京联合出版公司
Beijing United Publishing Co.,Ltd.

图书在版编目（CIP）数据

人人都看得懂的财报书 / 孟庆宇著 .—北京：北京联合出版公司，2014.1
（2022.8重印）
　ISBN 978-7-5502-2210-6

Ⅰ.①人… Ⅱ.①孟… Ⅲ.①会计报表—普及读物 Ⅳ.①F231.5-49

中国版本图书馆 CIP 数据核字（2013）第 262969 号

人人都看得懂的财报书
作　　　者：孟庆宇
出　品　人：赵红仕
选题策划：北京时代光华图书有限公司
责任编辑：徐秀琴　昝亚会
特约编辑：卢倩倩
封面设计：新艺书文化
版式设计：曾　放
责任校对：太井玉

北京联合出版公司出版
（北京市西城区德外大街83号楼9层　100088）
北京时代光华图书有限公司发行
北京晨旭印刷厂印刷　新华书店经销
字数273千字　　787毫米×1092毫米　1/16　14.75印张
2014年1月第1版　2022年8月第2次印刷
ISBN 978-7-5502-2210-6
定价：59.80元

版权所有，侵权必究
未经许可，不得以任何方式复制或抄袭本书部分或全部内容
本书若有质量问题，请与本社图书销售中心联系调换。电话：010-82894445

目 录 Contents

前言　/ 7

为什么要看财报

聪明的投资者 / 002
把投资股票当成生意去做 / 003
关于价值回归：它总会回来的 / 004
如何买到优质资产 / 007

利润表其实跟流水账没多大区别

营业收入：开门就赚钱的收入 / 012
营业成本：加工就能卖钱的成本 / 014
除所得税外的其他税金：有些意想不到的税收 / 016
销售费用：酒香也怕巷子深 / 018
管理费用：一笔良心账 / 019
财务费用：借钱的成本 / 021
资产减值损失：到手就贬值 / 022
公允价值变动收益：坐等升值 / 024
投资收益：入市需谨慎 / 025

营业外收入、营业外支出：意外的惊喜与损失 / 027
利润总额、所得税：秋后算账 / 029
每股收益：给你一个平均值 / 030

第 3 章
利润表的核心就是解决花了多少钱、赚了多少钱的问题

净利润：最终赚了多少钱 / 034
营业外收入：不要过度依赖意外惊喜 / 035
营业成本：收入多不一定利润就多 / 036
销售费用：不得不花的费用 / 041
管理费用：最好控制在10％以内 / 042
研发费用： 藏在管理费用的补充资料中 / 044
财务费用："好的企业其实不需要它" / 046
折旧费用：没写在明处的成本 / 048
资产减值损失：资产越大，损失越多 / 052
再看一次净利润 / 055

第 4 章
资产负债表，会计报表中唯一的平衡表

货币现金：你随时能拿出多少钱 / 060
钱多了怎么办 / 061
存货：周转速度决定存货量 / 063
应收科目：票据比账款安全性更高 / 066
固定资产：一项需要长期摊销的成本 / 067
无形资产：无形的核心竞争力 / 069
长期投资：职业经理人的难题 / 070
借款科目：即将到期的长期借款最危险 / 071
少数股东权益：记在你账下的别人的资产 / 073
计算资产负债率：简单的资产结构 / 075
优先股：你知道有一种股权是负债吗 / 079

目 录

账面价值、清算价值：最坏的准备 / 080
所有者权益变动表 / 084

第 5 章
深入资产负债表的核心，将资产和负债彻底看清

你究竟拥有多少资产，看资产负债表才知道 / 088
流动性与非流动性：哪种变现速度更快 / 092
与钱直接相关的科目 / 093
那些没有用于经营的钱去哪儿了 / 097
各种让人烦恼的应收和应付 / 099
股利属于应收，还是应付 / 100
确认的时间不同导致的递延 / 102
待价而沽的存货与长期股权投资 / 103
折旧费与正在成形的资产 / 104
其他项目是一只"大箩筐" / 106
企业的净资产是以什么形式列出的 / 108

第 6 章
现金流量表，了解财务运营的晴雨表

什么是现金流量表 / 112
经营活动产生的现金流量 / 114
你投资赚了多少钱？投资产生的现金流量可以告诉你 / 116
你从别人那儿拿钱了吗？融资产生的现金流量可以告诉你 / 117
你手里有外汇吗？汇率变动会对你手中的外汇产生影响 / 118
资产分类：钱在企业内部的流动 / 118
资金的流动方向，"挤奶"还是"喝奶" / 120
经营活动最重要 / 122

第 7 章
现金流要能自由支配，才是真的赚到钱了

自由现金流 / 126
净利润的含金量 / 129
自由现金流的意义：现金为王 / 132
净利润和自由现金流的长期趋同性 / 133
现金流量的周期性 / 136
负债杠杆，借鸡生蛋 / 138

第 8 章
只是盈利还不够，还要能持续盈利

毛利润：有没有核心竞争力 / 144
销售净利润：费用高，还是成本高 / 147
资产周转率：给自己一个准确的定位 / 149
拆分资产周转率：哪些资产赚的钱最多 / 154
净资产收益率，告别老太太式的抱怨 / 156
长期盈利记录：收益可以预测吗 / 159

第 9 章
资产管理，是科学也是艺术

积极型和防守型，你是什么类型 / 164
股东权益比率：一块蛋糕你占多少 / 165
产权比率：欠的多还是有的多 / 167
有息负债：有负债先还谁 / 170
资本周转率：企业倒闭的第一诱因 / 172
固定资产与股东权益比率：永久的长期投资 / 174
经营周期：从现金到现金 / 176
市盈率：多少年能回本 / 179
不要忽视资产负债表 / 184

第 10 章
利润与资产，都以现金作为终点

速动资产：能最快变现的资产 / 188
速动比率和流动比率，没有最快只有更快 / 189
现金到期债务比率：只用现金够还债吗 / 192
销售现金比率：营业收入的含金量 / 195
每股营业现金净流量：理论上最多能得到多少股利 / 199
全部资产现金回收率：最终的现金比率 / 200
现金满足投资比率：不还钱够不够花 / 202
现金运营指数：赚的是现金还是白条 / 205

第 11 章
财报分析，换个思路更清晰

机会成本：天下没有免费的午餐 / 210
溢价：你给的比我要的还多吗 / 211
折现：这一秒的钱值钱，还是下一秒的钱值钱 / 212
估值定价：它值多少钱 / 214
分散投资和偶然机会：鸡蛋和篮子 / 219

总　结 / 221

前　言 Preface

"你是打算一辈子卖糖水，还是跟我一起去改变这个世界？"这是苹果公司创始人史蒂夫·乔布斯的名言。乔布斯的巨大成功使他成为全世界企业家的榜样。他的这句名言也成为众多经营者的座右铭，以至于现在很多人都喜欢用主营业务来判断企业前途的好与坏。

按照这一逻辑，如果企业生产的是汽车，它就会被看成一家好企业；如果生产的是矿泉水，它就会被认为是没有追求的企业。这样的逻辑科学吗？只要仔细想一想，你就会发现它其实是非常荒谬的。

我们可以对比一下苹果和可口可乐这两家著名的公司。乔布斯离世后，举世瞩目的科技大鳄苹果就陷入了衰退怪圈。与此相反，可口可乐并没有因为更换领导人而发生危机。

苹果生产的是高科技产品，可口可乐则是著名的饮料品牌。如果按照上面的逻辑，苹果就是一家好企业，而可口可乐没有什么前途。众所周知，可口可乐也是世界企业500强的常客，在2021年《财富》世界500强排行榜中，它排在第370位。因此，盲目用主营业务来评判企业好坏的做法是不可取的。不过，这也从另一个角度提醒我们，确立正确的评判标准非常重要。

财报：评判企业好坏的首要标准

如何才能评判一家企业的好坏呢？要想解决这个问题，我们首先要明白企业存在的目的是什么。是追逐利润。换句话说，能在合法范围内赚到钱的企业才是好企业。也许，你会有个疑问：我们又不是企业内部的员工，如何知道企业是否赚钱？其实，方法很简单，分析企业定期披露的财务报表就可以了。这也是我们要学习分析财务报表最主要的原因。

财报主要由数据构成。随着年龄的增长，我们对可量化的东西越来越有依赖感，而对于拍脑袋、想当然地做决定的行为越来越反感。所以，在得到财务报表的信息和数据以后，我们要做的第一件事就是进行量化分析。

财报分析有着繁杂的量化分析体系和多如牛毛的公式。尽管有一些注释说明帮助理解，可很多人还是会感到头晕。这可怎么办呢？实际上，有技巧可寻循。面对海量数据，我们不能被其淹没，而是要选择最有代表性的分析方法，先从大的方面来筛选。

举个简单的例子，看财务报表要先看毛利率。30%以上的毛利率是衡量企业竞争力的最低标准，如果达不到这一标准，基本上就可以确定是没有竞争能力的企业。

更有意思的是，财报分析是可以反推的。一般情况下，酒类企业的毛利率会达到70%以上，如果低于这个标准，说明它在同类企业中没有竞争力。而零售业的毛利率通常很低，甚至越低越好，越低说明周转率越高。那么我们不仅能从毛利率中看到企业有没有竞争力，还能通过企业的主营业务反推出它现在的毛利率是不是正常的。

本书的内容和特色

全书共有11章，大体可以分为三个部分：

第一部分（第1章至第6章）以最简单的语言、最易懂的生活事件来说明几大报表中各科目代表什么意思，并且以各表中的数据（这些数据均引自证监会官方网站）进行简单的量化分析，比如利用利润表中的营业收入和营业成本数据分析毛利率。

第二部分（第7章至第10章）主要通过各表数据之间的表外联系，进行更深入的分析，比如将利用现金流量表计算出的自由现金流与资产负债表中显示的负债数据进行比较，从而得出企业的债务压力有多大等。

前　言

第三部分（第11章）主要为读者提供一个简单的企业估值模型。虽然它并不是本书的主要部分，没有像第一、第二部分一样展开详细的描述，但在帮助读者转换固有思路方面功不可没。

看完上面的介绍，对于内容的丰富性，你可能没有什么异议，但难免心中打鼓：同样是讲财报的书，这本书能有什么绝招让我在不头晕的前提下看懂呢？如果真有这种忧虑的话，那么这本书可能真的是为你量身定制的了。

与同类书相比，本书最与众不同的特色就在于，它以我们生活中常见的事件为切入点，深入之后再以企业为案例进行解析。这样一来，本来可能带有畏难情绪的你就可以放下思想包袱，从自己熟悉的事件出发，轻松地学习财报知识了。

本书的约定和愿景

本书在讲解财务报表的量化分析中，除了正文，还设计了"他说""我说""正说""反说""闲说""例说""规定说""概念说""公式说"等版块。其具体内涵如下：

·他说，是引用价值投资分析流派中各位大师的思想，比如格雷厄姆、巴菲特等。

·我说，是指笔者对于该量化财务指标分析的看法。

·正说，是指业界普遍的看法，也算是目前相对正统的看法。

·反说，是指举的一些反例。"这样不行""这样不对""这样不是"，都属于反说。

·闲说，是指笔者能找到的一些有意思的例子，或者对于某些与正统看法不一样的地方，有些调侃的意味。

·例说，是指通过一些具体的数据、例子来说明问题。

·规定说，是介绍一些相关的法律法规、行业准则的规定。

·概念说和公式说，是指既定的一些概念和公式。不过，有些公式需要变通。由于我们不是企业内部人员，无法找到那些企业内部的数据，只能通过近似的数据进行分析。

通过阅读本书，你可以了解不同企业对于各种不同分析方法所要求的量化标准，还可以找出为什么卖糖水的人在赚钱的规模和速度上并不比改变世界的人差多少。（还记得本书开头引用的那句乔布斯的格言吗？你可以找到关于它的正确理解哦！）

更重要的是，本书并不枯燥，你可以把它放在枕边，也可以把它放在卫生间。它是一本自学用书，也是一本科普书，更是一本通俗读物。如果你是一个非会计专业的初学者，它正适合你。如果你是一个略懂财务知识，但还未形成知识体系的半专业人士，它同样适合你。希望大家在阅读本书后，至少能找到一点自己用得上的知识。能够为读者的知识体系添砖加瓦，也是我写作本书最美好的初衷。

第 1 章
为什么要看财报

阅人看处事，评价企业看报表。要做一个聪明的投资者并不难，只要你真的把投资股票当成生意去做，就能成功地买到优质资产。

聪明的投资者

你我或多或少都有过这样的感受：假如两个人都是为了自己的生意，选择会相对理性一些，会在对企业各方面进行分析估价之后，再达成一致。可在人头攒动的交易市场中，情况就大不相同了。有多少人真的把买股票当成生意来做？又有多少人是理性的？这样大的一个集合体必然存在着"羊群效应"。

笔者身边的长辈就是这群"羊"中的一只，大家说往哪儿走，他就往哪儿走。问他为什么要买这只股票？不知道啊！问他对这家企业了解吗？不知道啊！它一年赚多少钱？不知道啊！是不是每年都在派发红利？负债情况怎么样，会不会有资不抵债的情况？不知道啊！即使负债情况没问题，有没有足够的现金流？也不知道啊！再问他为什么会买？因为别人都买。

由此可见，长辈们买股票已经不是做生意了，而是完全对自己的钱不负责了。他们赚了兴高采烈、手舞足蹈，亏了哭天抹泪、垂头丧气，完全无法自己掌握盈亏。这时，投资学大师格雷厄姆的忠告就显得尤为中肯。

格雷厄姆说："把投资股票当成生意来做的人，是聪明的投资者。"

可是，现实情况是，几乎每个到股票市场中的人，都怀着迅速赚一笔就走人的想法。如果赚了第一笔，很多人就会想着赚第二笔、第三笔……直到被深度套牢。快速赚钱，是吸引各类人群进入股票市场的第一诱因。可是，没有哪门生意是可以让你的本金在1个月内就翻一番的，它必然遵循着循序渐进、稳定积累的过程和规律。哪怕是巴菲特的伯克希尔·哈撒韦公司，平均每年带给投资者的收益也只有20%。

也许你会对此嗤之以鼻，认为笔者在危言耸听。诚然，把中国所有的股票散户都召集起来，估计大多数人都有短时间内赚20%、50%，甚至翻倍的经历。他们或许会说，股票就应该这么投资，我比巴菲特强（尽管只是在心里说说）。

但市场中有哪些人是持续赚钱的呢？很多人今天赚了，明天就把赚到的交给市场了，甚至要再从兜里掏出更多来。

你觉得每年收益增长20%少吗？如果你现在只有1元，每年以20%的速度递增，30年后会变成198元。如果你现在有1万元呢？30年后是198万元。你会说这也不行，这也买不起一套房子啊！或许你还会问，现在 1 元怎么才能在 30 年后变成 198 元？

这个问题太难回答了。由于种种原因，国人的不安全感造成了现在这种急功近利的心态，而完全忘了没有神话，只有踏实的生意。如果你执意要找到答案，那么就请想一想，有多少人以 1 万元本金入市，最后只剩下了不足 1,000 元？

把投资股票当成生意去做

如果真的把投资股票当成生意去做，你就会避免这种急功近利的心态。企业赚钱了，就是你赚钱了，千万别管市场的报价如何。

例说

如果有人把房子抵押给你，向你借 300 万元，每年利息 30 万元。你关心的是什么？是他能不能按时偿还利息，能不能到期还本。不过，有一点可能被你"无情"地忽略了，那就是：他抵押给你的房产当时值 300 万元，而还款时可能只值 240 万元了。更让人担心的是，240 万元可能只是账面上的价值，能不能卖出去还不确定，但你会在乎这个吗？

例说

你是一个特别保守的人，从不进行任何投资，只持有现金，把余下的钱存到银行里。但是，你手里的钱会受到通货膨胀和通货紧缩的影响。这时，你会每天查看通胀指数来衡量自己所持有的货币的购买力吗？

相信大多数人的答案是不会。

既然如此，那为什么你投资企业、大家合伙做生意时，却要每天关注企业股票的报价呢？报价不乏水分，为什么你会那么在乎？因为它会每时每刻告诉你，"嘿，哥们儿，你现在的资产又多/少了"。有人不停地在你耳边唠叨着，你想不关心都难。可是，股票的报价真的对你这么有用吗？

比如，你经营着一家小超市，每天都有人说："我给你 10 万元，把它卖给我吧""我给你 8 万元，把它卖给我吧""我给你 15 万元，把它卖给我吧"……这些报价会让你怦然心动吗？恐怕得具体问题具体分析。因为超市是否赚钱、到底价值几何，只有你自己最清楚，那些每天给你报价的人看到的不过是皮毛。是继续经营还是把它转让，也只有你自己才能做决定。如果有人说，按照现在的行情，你这家店最多只值 1 万元。听惯了高报价的你，此刻是应该高兴还是难过呢？要是我的话，我就很高兴，肯定会问他："你有这样的店吗？我给你 2 万元，你把它卖给我吧！"

对于企业也是一样。企业赚不赚钱，不能盲目地看市场报价的高低，而要看财务报表。报表显示经营没问题，还在持续盈利，那些毫无根据的胡乱报价就不可信。企业到底值多少钱，看的是财务报表反映出来的内在价值，而不是充满了泡沫的外在形象。

也许会有人对你的做法非常不屑，甚至出言不逊，讽刺你错过了最佳投资时机。但是真相又是怎么样的呢？虚浮的报价真的比实在的内在价值更可靠吗？恐怕即便是崇尚报价为王的人也不敢妄下断言。既然如此，为什么我们不自己算算账，看看企业到底值多少钱，而总是在乎别人给它的报价呢？

关于价值回归：它总会回来的

马克思认为，价格是围绕着价值上下波动的，就像图 1.1 展示的一样。

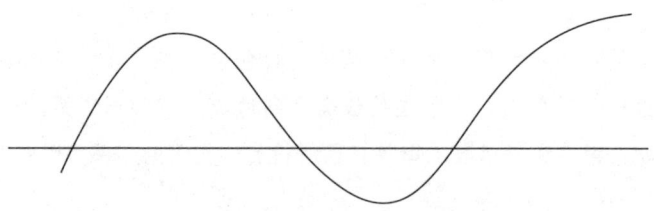

图 1.1 价格围绕价值波动

尽管马克思的这一观点早已为你我所熟悉，但只有真正将投资股票当成生意去做的时候，你才能体会得更加深刻。比如，出于投资的目的，你在某年购买了某家企业的股票，可是在持有的过程中遭遇了一种怪现象：虽然财务报表历年来都很好看，企业确实也保持着一定的增长速度，但是股价一直不涨。到底是怎么回事呢？你废寝忘食想找到准确的原因，可还是不得其解，百爪挠心。

价格肯定会回归价值，只是时间问题。也许是三年五年，也许是十年八年。

遗憾的是，你等不了那么久。现在的你就急需资金去股市投资一把，先解了燃眉之急再说。很多人都会这样选择。一旦选择这种做法，事情也就回到了第一个问题：你到底有没有把股票投资当成生意去做？

如果你急功近利，建议你远离它。它不会带来惊喜，只会给你更多的愁苦悲哀。与其将希望寄托在随时可能出现意外状况的投机上，不如正视自己手中的投资情况，想办法从中获益。

通常情况下，保持持续增长并且有盈余的企业基本上都有派发股利的政策。比如，A 酒 1994 年上市，1995 年便开始派发红利。假设 A 酒刚刚上市的时候，你买进了 100 股，开盘价为 7.21 元 / 股，成本为 721 元。在 1995 年至 2020 年期间，除了 1999 年到 2001 年以外，A 酒一直都在派发股利，具体派发股利数据如表 1.1 所示。

表 1.1　A 酒派发股利数据

年份	A 酒派发股利
2020	10送4派2
2019	10派9
2018	10派7.5
2017	10派6
2016	10派5.5
2015	10派3.2
2014	10派3.5
2013	10派8
2012	10送10派5
2011	10派5
2010	10派5
2009	10派4
2008	10派1.6
2007	10派4.5
2006	10派2
2004	10派0.7
2003	10派0.24
2002	10派0.6
2001	不分配不转增

(续表)

年份	A酒派发股利
2000	不分配不转增
1999	不分配不转增
1998	10派1
1997	10派1
1996	10送1股
1995	10派2.19
1994	不分配不转增

　　从表1.1中我们不难看出，虽然中间略有起伏，但A酒派发的股利基本上一直处于上扬状态。实际上，即使A酒的价格和价值迟迟不能"会师"，股价持续低迷，但是由于分红的政策，它对投资者仍然有很大的吸引力。因为经营得不错，利润持续增长，只要能分红，投资者就会持续购买。

　　如果这样理解有困难，我们可以用生活中的常识做例子进行说明。比如，我们每天都要吃饭，你希望米面的价格是越便宜越好，还是越贵越好？再如，你每天要抽一包烟，你希望是涨价好还是降价好？答案不言自明。

　　同样的道理，因为A酒的内在价值在不断增长，所以它的股价越便宜越好。越便宜，我们才越能用低价买到好的东西。如果股价持续在4元/股至5元/股，每次分红的钱都可以用来再次摊平成本。此后，一旦价格和价值胜利"会师"，你手中的股票就不仅仅是100股了，而是变成了300股或500股。若股价涨到30元/股，500股就是15,000元，而开始的时候你只投入了700多元。从1994年到2013年，20年几乎翻了20倍，基本上保持了1年1倍的回报率。试问做什么生意能达到这个增长速度呢？

　　这就是价值投资的精义所在。如果了解了这一点，你就会每天盼着股价下跌，而非上涨。涨起来，就没机会买便宜货了，而跌下来，投资者才有机会。

　　当今的股市有"疯狂股市"之称。很多时候，激荡的情绪会成为市场的风向标。深受情绪影响的投资者一会儿乐观，一会儿悲观，因此股市的报价也像坐上了过山车，时而冲破波峰，时而跌入低谷。有时价值1元的东西能报出100元的价格，有时价值100元的东西会变得一文不值。

　　巴菲特在格雷厄姆《聪明的投资者》第四版的序言中说："能否获得

优异的投资成果,既取决于你在投资方面付出的努力和拥有的知识,也取决于在你的投资生涯中,股市的愚蠢程度有多大。股市的行为越愚蠢,有条不紊的投资者面对的机会就越大。"

聪明的投资者经常期待这个"疯狂股市"做出一些愚蠢的决定。当1元的东西报出100元的价格时,他们就卖掉它;当100元的东西报出1元的价格时,就买进它。"疯狂股市"犯的错误越大,聪明的投资者赚的钱就越多。只有当"疯狂股市"不再疯狂,理性回归到大家身上时,100元的东西才能永远报价100元。失去了"疯狂股市"的推波助澜,巴菲特口中的"聪明的投资者"也就无从下手了。

《孙子兵法》有云:"不可胜在己,可胜在敌。"能不能打赢这场仗,不是取决于我方粮草准备得有多充分,士兵训练得有多精锐。如果敌人也做了同样的准备呢?所以,要打胜仗,关键在于敌人出现了什么样的漏洞,犯了什么错误。一旦敌人迷失了自己,我们进攻的机会就来了。

股票投资也是如此。尽管我们都深谙价值最终会和价格"会师"的道理,但总有人因为等待的时间过长而耐不住寂寞,做出疯狂的投资行为。此时,只要保持清醒的头脑,坚信价值是内在的,自己有多大的潜力并不在于别人怎么评价,就能利用急功近利者的错误,来实现自己最终的胜利。

如何买到优质资产

既然我们要买便宜货,就需要搞清楚哪些是便宜货。股价低就是便宜货吗?如果你心中没有确定的答案,那么来看一看生活中最简单的例子吧。

如果一袋垃圾1元,你会买吗?当然不会了。别说是1元,就是1毛也不买呀。因为它实在没有价值可言。再比如,一部价值1,000元的手机,以200元的价格卖给你,你会接受吗?如果有需要的话,你可能会买。

还有一个更直观的例子:如果银行存款的年利率是5%,存入100元,在第二年可以拿到105元。现在如果存入50元,第二年就会收获105元,这样你会存吗?肯定会存。如果必须存入102元,才能收获105元呢?大多数人可能就放弃了。

从上面的例子我们不难看出,买便宜货必须有一个前提,那就是这件物品必须是优质资产。它要么是虽然不能获利,但市场价格要比内在价值低得多;要么是买进之后能有稳定的利润,但也要折价。因为价格是围绕着价值上下波动的,投资者正好在价格运行到中间时买进,等价格下滑到谷底时就会出现亏钱的情况,所以要有一定的安全边际。

什么是安全边际?比如一颗炮弹爆炸了,杀伤力半径为50米,你说我就在50米外1厘米处站着,肯定炸不着我,这是玩火。按照常识,你至少要站在离炮弹70米以外的地方才能平安无事。这多出来的20米就是安全边际。安全边际越大越安全。如果你站的地方离炮弹100米,就比离70米要安全得多。

企业的价值也是一样。如果一家企业的内在价值为5元/股,市场价格肯定会围绕5元上下波动,那么你会在4.99元的时候买进吗?那样安全边际就太小了,离炮弹太近了。4元怎么样?不太好判断。不过,如果要笔者选择,笔者打算它到2.5元的时候再买进。离炮弹到底多远是安全的,安全边际到底设定为多少,全看你是持激进的态度还是保守的态度。但是,笔者还是建议大家,在没有确定的把握的时候,越保守越好,越安全越好。

了解到这一点之后,我们就需要判断一下什么样的企业的股票才算得上是优质资产。套用一句行话,就是到底哪些优质企业被低估了呢?有些投资者被一些表面现象蒙蔽,白白让机会从眼前溜走了。所以,这就要求我们要学会透过现象看本质,找出那些报价过低并且有着良好收益记录的企业,而完成这一点就要求助于财务报表了。

前面反复提过,在分析企业的时候,要忘记它的股价,只看它的内在价值和潜在增长力。而企业的内在价值就是通过资产负债表、利润表和现金流量表等财务报表来计算的。

因此,投资者必须了解和熟练掌握财务报表。它可以利用各报表内部的关系和表与表之间的关系揭示出企业的内在价值、潜在的风险和收益。本章意在让读这本书的朋友们转变思想,将赌一赌的心态彻底转变成投资者的心态。

有了把投资当成生意去做的心理准备,投资者就有了以后投资事业必需的坚实后盾。如果你还是坚持原来的看法,那本书后面所讲的东西对你来说没有任何用处。投资首先要做好心理准备。

学习财务报表就是为了辨别企业的好坏。A酒和B酒哪个更好?同为汽车制造企业的A车集团和B车集团如何对比?同为服装设计和销售企业的A装和B装有什么区别?同为机场企业的A机场和B机场有什么不同?同为重工类企业的A重工和B重工有什么区别?这都要看财务报表,通过各种数据的比率和计算得出孰优孰劣。

分辨好坏之后，才能开始估价。估价10元，等价格跌到5元时买进；估价200元，等价格跌到100元时买进。为自己设置好安全边际，因为买入的价格直接影响到我们最终的收益。估价10元，8元买进，涨到10元只赚25%，而5元买进却赚了100%。如果说价格围绕着价值波动，价值10元的东西价格有可能波动到15元，那么8元买进和5元买进，结果就会有天壤之别。所以，估价一定要保守，安全边际一定要设得足够安全才可以。

格雷厄姆说："最有条不紊的投资就是最明智的投资。"

第 2 章

利润表其实跟流水账没多大区别

利润表与你的账目同样简单，只不过它用了专有名词。比如账目中的收入在利润表里就是主营业务收入、营业外收入等项之和，可以自由支配的现金就是净利润……只要了解利润表所表达的意思，就跟看自己家的账簿一样简单。

营业收入：开门就赚钱的收入

表2.1是一张典型的上市公司利润表（非上市公司无"每股收益"这一类）。

表2.1 利润表

编制单位：××企业　　　　××××年××月　　　　单位：元

项目	本期金额	上期金额
一、营业收入		
减：营业成本		
营业税金及附加		
销售费用		
管理费用		
财务费用		
资产减值损失		
加：公允价值变动收益（损失以"-"号填列）		
投资收益（损失以"-"号填列）		
其中：对联营企业和合营企业的投资收益		
二、营业利润（损失以"-"号填列）		
加：营业外收入		
减：营业外支出		
其中：非流动资产处置损失		
三、利润总额（损失以"-"号填列）		
减：所得税费用		
四、净利润（净损失以"-"号填列）		
五、每股收益		
（一）基本每股收益		
（二）稀释每股收益		

你只要看到里面除了"+"，就是"-"，就能明白，利润表跟咱们自己平时记的流水账基本一样。减掉支出的，加上赚回来的，最后算个总和就是净利润。唯一不同的就是利润表从格式上更为规范。下面让我们一项一项地介绍。

第一项就是营业收入。说得更准确一点，它应该叫作主营业务收入。就拿我们自己来说，如果是上班族，每个月的工资、奖金和各种津贴就是主营业务收入；如果是卖水果的，每天卖水果的收入就是主营业务收入；如果是提供咨询服务的，每个来咨询的人所付的咨询费就是主营业务收入。总的来说，就是靠什么技能为生，那么这项技能就是你的主营业务，你靠这项技能赚的钱就是主营业务收入。

企业也是一样。有的企业做铅笔，卖铅笔的钱就是主营业务收入。有的企业是商业银行，贷款赚的利息与付给储户的利息之间的利差就是主营业务收入。

正说

我们很容易找到某家企业的主营业务是什么。比如说，报喜鸟的主营业务是什么？是制作销售报喜鸟品牌的系列男士西装与衬衫。中国石油呢？卖石油。大唐发电呢？发电卖电。贵州茅台呢？卖酒。

不过，你可能也会对此提出异议："我身边有很多人都有不止一份工作。他们周一到周五在单位做着本职工作，到了周末又会做做兼职……"那么，兼职工作能成为这些工作日奔忙于各自单位的人的主营业务吗？当然不能。根据实际情况来看，兼职只是他们在节假日创收的项目，在工作日，他们还是要正经上班的。更何况从名称看，既然是兼职，就不能算作主营业务了。

另外，若要说每个人或者每家企业的主营业务都只有一项，恐怕也是行不通的。比如你的一位亲戚经营一家小超市，除了卖各种日常用品，还顺便做家政中介。这时，我们就不能狭隘地认为，小超市只能卖东西，不能卖服务。所以亲戚经营的小超市有两类主营业务：卖东西和卖服务。这两项业务都基于"营业"的前提，只要营业，都是主营业务。

对企业而言，只要营业，可能就不会只有一项业务。

我们再来看一个例子，如表2.2所示。

表2.2　A油2020年年报营业收入资料

单位：百万元

项目	本集团			
	2020年度		2019年度	
	收入	成本	收入	成本
勘探与生产	512,349	401,189	654,225	465,969
炼油与化工	766,358	566,858	991,817	747,042
销售	1,473,620	1,420,966	2,052,289	1,999,819
天然气与管道	362,559	331,063	384,438	353,235
总部及其他	493	296	479	282
板块间抵消数	(1,240,363)	(1,235,310)	(1,624,648)	(1,624,618)
合计	1,875,016	1,485,062	2,458,600	1,941,729

(续表)

项目	本公司			
	2020年度		2019年度	
	收入	成本	收入	成本
勘探与生产	394,614	337,664	505,229	402,080
炼油与化工	572,593	405,607	755,186	558,669
销售	572,754	550,102	749,225	724,908
天然气与管道	308,217	311,528	328,875	342,945
总部及其他	493	296	479	282
板块间抵消数	(794,724)	(792,427)	(1,018,721)	(1,018,691)
合计	1,053,947	812,770	1,320,273	1,010,193

注：表中加括号的部分表示损失的情况。

表2.2是以A油2020年营业收入为蓝本制作的。我们能想象到A油的主营业务就是卖石油，却不知道该企业还存在勘探与生产、炼油与化工、天然气与管道等收入，这些都是与石油化工相关的。

如果说中国石油的主营业务还有卖饼干，那就太离谱了。当然，它可能在自己旗下的便利店中销售饼干，不过这也不能证明"饼干主营业务论"是正确的。退一万步讲，卖饼干真的成为A油的主营业务，那么A油恐怕就不能称为"A油"了，最起码应该改名为"A油饼干联合体"才比较确切。因此，企业主营业务的确定不能以其经营业务涉及的范围为标准，而应该着重看业务范围所占的比重大小。

营业成本：加工就能卖钱的成本

营业成本与营业收入是相对的。有营业收入，就得投入成本。也许你会说：我就是天生运气好，每天出去都能捡到钱，这些钱恰好能够维持我最基本的生活，我一直在无成本经营。如果你真的这样认为，可就大错特错了。因为捡钱也是一门技术活，你也不能总在一个地方守株待兔，还需要四处转转。而这些消耗在"四处转转"上的时间就是你投入的成本。

天下没有免费的午餐，任何事情都是需要成本的。这不仅是西方经济学的真谛，也是读懂中国经济、进行理性投资的不二法门。

正说

如果你负责生产铅笔，在铅笔出厂销售前，不仅需要购买木材、铅和黏土，还得有生产铅笔的设备。如果你负责提供法律咨询服务，就需要有一间办公室、一个专业的服务团队，并且要为团队支付工资。如果你经营一家小超市，进货、租房都需要投入资金，雇用售货员需要发工资，运货需要支付运费……这些都是成本。生活处处有成本。无论做什么事，成本都会出现，不能省略。

那我们该怎么核算自己的成本呢？很显然，活着的成本就是我们生活中最主要的成本，最基本的就是吃饭和睡觉，所以我们的营业成本其实就是吃饭花了多少钱、喝水花了多少钱、睡觉（房租）花了多少钱。

企业的成本可就不会那么简单了，它会在任何地方出现。下面让我们来看一下 A 机场的营业成本（如表 2.3 所示）。

表 2.3 A 机场 20×× 年年报营业成本资料

单位：元

项目	本期发生额	上期发生额
工资薪金	686,790,237.22	676,417,982.24
折旧费	663,105,007.27	596,658,510.98
水电费	156,525,063.34	167,972,926.49
固定资产维修费	240,738,787.70	178,833,518.29
劳动保险费	94,384,764.64	80,763,017.81
住房公积金	81,973,097.00	71,596,848.00
燃料及动力	91,697,840.76	76,982,838.49
物料成本	71,781,030.18	65,787,385.86
商品销售成本	71,343,489.13	59,886,095.84
福利费	55,774,882.35	57,044,185.28
劳务费	53,031,871.64	35,612,444.88
固定资产租赁费	45,692,461.86	57,113,571.79
其他	341,575,436.32	327,856,586.17
合计	2,654,413,969.41	2,452,525,912.12

从表 2.3 中，我们不难看出，A 机场营业成本中最重要的就是人的问题，也就是工资薪金方面的支出。其次是固定资产的费用，这个我们会在后面的章节中详细说明。另外，这里所列举的成本，是指直接参与主营业务经营的成本。没有参与直接经营的费用，比如各级管理人员薪酬（上述的工资薪金不包括在此）、办公桌椅的购置费等，并没有计算在内。

举个例子，生产铅笔的木材、铅和黏土都是直接参与了生产的成本，这叫作营业成本，但给销售人员的工资就不是营业成本，不应列入此表的营业成本里。因为销售人员只负责卖铅笔，并不生产铅笔。参与了生产，就是营业成本，没参与，就不是。

除所得税外的其他税金：有些意想不到的税收

按照国家现行规定，企业和个人所要缴纳的税种主要包括消费税、资源税、教育费附加和城市维护建设税等。消费也需要交税？很多资源不都是可以再生的吗？既然资源可以再生，交税又有什么意义呢？教育费附加？我大学毕业都已经好多年了……的确，很多税种对于不熟悉它们的人来说有些费解。不过不要紧，本节的任务就是向大家讲解这几项税收。

消费税

什么是消费税？为什么要征收消费税呢？实话实说，在开始接触到消费税这个概念的时候，笔者也感到很费解，也产生了本节开头和大家同样的疑问。后来，笔者慢慢发现，国家要引导消费方向，所以在一些商品中征收消费税。可是，新的疑问随之而来：企业不是生产或者销售产品的吗？为什么这个税种要从它们身上征收呢？这就涉及消费税的性质和缴纳环节了。而要搞清楚上述两点就必须清楚消费税的概念。所以，问题又回到了消费税本身。

按照我国现行法律规定，消费税是以特定消费品为对象征收的税种，属于价内税，于 1994 年税制改革后开始征收。征收消费税的商品主要包括烟、酒、化妆品、贵重首饰及珠宝玉石、鞭炮焰火、成品油和机动车等。

消费税中还提到一个概念——价内税。所谓价内税，就是需要征收的税种包含在商品的价格中了。

为了更好地理解，让我们来看一个例子。假如某产品的成本是 100 元，售出后想再赚 50 元，如果没有消费税的话，定价 150 元就可以了。但如果征收 10% 的消费税呢？那定价 150 元就只能赚 35 元了。既要交消费税，还想赚 50 元，就要把价格定为 166.67 元。

资源税

资源税在我国主要分为两种：一为矿产品类，二为盐类。主要纳税人为在我国境内开采应税矿产品或者生产盐的单位和个人。在这里，我们需要注意一点：需征收资源税的矿产品绝大部分都属于不可再生资源。

对于不可再生资源征税无可非议，毕竟此类资源消耗了，其可再生周期非常漫长。目前我国针对某些重要的矿产类资源所征收的资源税还是偏低。以我国储量比较丰富、可以用于导弹的制导及制作计算机芯片的稀土为例，每使用 1 吨稀土需要缴纳的资源税长期在 0.4～60 元之间浮动，而固体盐的起征点则是每吨 10 元。

教育费附加

与资源税相比，教育费附加这个税种恐怕又会增加大家的烦恼了。明明身为成年人的你我早已经完成了学生阶段的教育，为什么还要交这个名为"教育费附加"的税种呢？其实，只要对它的定义和作用有所了解，上面的疑问就会迎刃而解了。

教育费附加是国家针对缴纳营业税、消费税、增值税的单位和个人征收的税种，其主要作用是发展地方教育事业，扩大地方教育事业的资金来源。1984 年，国务院发布了《国务院关于筹措农村学校办学经费的通知》（国发〔1984〕174号），开征农村教育事业经费附加。1985 年，中共中央发布《中共中央关于教育体制改革的决定》，指出国家要在增拨教育经费的同时，开辟多种渠道筹措经费。为此，国务院于 1986 年 4 月 28 日发布了《征收教育费附加的暂行规定》（国发〔1986〕50 号），并于同年 7 月 1 日开征。

城市维护建设税

城市维护建设税，简称"城建税"，是我国为了加强城市维护建设，扩大和稳定相关资金来源，对有经营收入的单位和个人征收的一个税种。同教育费附加类似，城建税本质上也属于一种附加税。它是 1984 年税制改革时出现的新税种。

以上就是对营业税金及附加的简要介绍。你可能要问,大名鼎鼎的所得税怎么不见踪影呢?还没说到它呢!所得税不属于营业税金及附加,而是属于单独列出的税种,要计算出利润以后,才能计算应该交多少所得税。

另外,还有一点需要特别引起注意:营业税金及附加对于同类型的企业大体上征收的税率是相同的,所以对于各企业之间的竞争力方面没有太大的影响。

销售费用:酒香也怕巷子深

所谓销售费用,就是指用于销售、宣传等广而告之的费用。举个最简单的例子。笔者大学毕业后曾跟4名同学一起开办了一家补习学校。为了提高学校的知名度,需要做广告、印传单,30元印1000份。这30元就是笔者的销售费用。

又如,2006年,笔者和朋友投资了一家麻辣烫小店,店名唤作"麻辣主义",牌匾做了精装裱糊的横幅书法作品的样式,以至于很多人以为我们开了一家书店。所以,你必须告诉别人你卖的是什么,为什么你的产品比别人的好,买了你的产品会好在什么地方。而在上述方面发生的费用都是销售费用。

好,广告是做了,可这只是完成了第一步。下一步,由于身为老板的你不能事事亲力亲为,所以还需要招聘一些专门做销售的员工。无论直销、电话营销还是渠道营销,都需要人去做,而给这些销售人员发的工资也是销售费用的重要组成部分。另外,除去广告、销售这些必备的步骤,很多商家还推出了买商品送礼物的活动。购买这些送给客户的礼物花费的钱也是销售费用的一部分。

也许你会说,酒香不怕巷子深,我就是不做广告,也不用人销售,总会有人上门购买。遗憾的是,现在姜太公和周文王太少了,并且谁家的酒都香,竞争太激烈了。你认为自己的产品非常有特色,可是你的酒香,人家还有比你更香的,他们不也在拼命地做广告来提高知名度吗?现在产品更新换代比较快,很多产品甚至还没有在顾客心中留下什么印象,就迅速被其他产品取代了。

酒香也怕巷子深。就连效益一向不错的某酒也非常重视销售费用(如表2.4所示)。

表2.4 某酒20××年年报销售费用资料

单位：元

项目	本期发生额	上期发生额
广告宣传费	524,552,721.20	496,170,509.72
运输费用	58,514,109.65	59,160,133.51
促销费用	46,831,796.36	35,955,214.51
营销差旅费、办公费	18,597,806.31	19,019,166.99
货物运输保险费用	16,958,585.91	6,519,370.80
打假费用	15,258,879.72	13,034,245.41
专卖店装修费	6,679,990.00	24,970,321.09
业务招待费	2,764,751.30	2,673,658.70
其他	30,169,087.43	19,029,041.36
合计	720,327,727.88	676,531,662.09

当然，广告费仍是该企业最重头的销售费用。除去广告费之外，运输费用、促销费用、货物运输保险费用等也都占据了不小的比例。这张表里还有一点非常有意思：打假费用15,258,879.72元，占销售费用的2%。

该企业是享誉多年的民族品牌，无论品牌本身凝聚的无形价值，还是转化成物质收益的有形价值，都是非常可观的。如果没有自主品牌意识，"李逵"可能会受到"李鬼"的拖累，营业收入也会大大减少。因此，打假费用出现在销售费用的表单中，不应仅仅定义为亮点，它应该同广告费一样，成为销售费用中的重头戏。

管理费用：一笔良心账

说完了销售费用，我们再来看一看管理费用。什么是管理费用呢？为了更好地解释这一概念，先让我们一起回到上一节笔者和同学合开补习学校的情境中。当时，笔者除了任课之外，还做了很多其他工作，比如和家长们交流、向学生们收取学费、为老师们发放工资等。总之，一切日常工作都落到了笔者身上。尽管做了这么多工作，但当时由于条件所限，笔者既没有专门的办公室，也没有得到额外的工资。其实，应当有的办公室及里面的一切东西，以及额外的工资，都应该算作管理费用。

还有一个更为经典的例子。你看《红楼梦》，荣宁二府不止一个管家，赖大、林之孝、周瑞、吴新登等，管家们管理着府内一切日常工作，给他们的工资就是管理费用的一部分。如果他们有专门的办公室，那里面的一切东西，如桌椅等的置办费用，也都要从管理费用里面出。另外，如果花10两银子买了一张桌子，这张桌子能用10年，那还得摊销掉相关的折旧费用，每年1两。折旧费也算作管理费用。

讲了这么多，管理费用就很好理解了。所谓管理费用，就是指企业用来管理自身所花费的费用。管理费用种类众多，下面就让我们以某酒的管理费用表为例来了解一下（如表2.5所示）。

表2.5　某酒20××年年报管理费用资料

单位：元

项目	本期发生额	上期发生额
公司经费（含工资薪金、差旅费、办公费）	739,752,724.50	637,101,818.35
关联交易费用	238,007,025.15	161,555,142.96
固定资产折旧费	115,436,265.53	83,127,313.83
环境整治费	87,575,228.69	101,755,261.14
税金	57,537,071.64	42,668,950.88
财产保险费	26,661,965.22	19,556,577.24
科研开发费	23,435,114.55	21,844,357.25
原料基地费	16,029,284.42	15,039,649.95
无形资产摊销	11,855,582.22	14,719,853.45
业务招待费	5,579,632.16	3,545,360.37
中介机构费用	5,469,622.85	2,702,694.00
董事会费用	2,502,412.54	1,819,740.61
其他	344,030,498.28	240,577,482.01
合计	1,673,872,427.75	1,346,014,202.04

从表2.5中我们不难看出，除了上面提到的固定资产折旧费、办公费，管理费用还包括关联交易费用、环境整治费、税金、原料基地费等。和销售费用表类似，管理费用表中也包含着非常有意思的东西。

首先，付给公司员工的工资属于管理费用。这里的工资不仅包括一线员工的工资，还包括管理、后勤等人员的工资。其次，继固定资产折旧费之后，无形资产摊销也进入了管理费用的范畴。它对于管理费用的重要性与打假费用对于销售费用的重要性是等同的。最后，科研开发费竟然也计入管理费用的范畴（这里请允许我使用"竟然"这个词）。在不少人的印象里，科研开发费应该单独列出、归类。实际上，这个印象与我国现实的会计制度并不相符。在我国的会计制度中，科研开发费用并没有单独列支，而是归到了管理费用中。在后文中，我们会就此项费用进行专门阐述。

财务费用：借钱的成本

为了更好地解释财务费用，还是让我们回到笔者与同学合资开办补习学校的情境中。为了管好账，5个合伙人为学校单独开了一个账户，把大部分收入存到银行里。开户的时候，除了办一张存折，还要办一张银行卡。此时，办理存折和银行卡时银行收取的工本费，就是财务费用。

如果你还是觉得太复杂，那么让我们转换到家庭角度。假如家里有人办理了一张信用卡，这个月信用卡透支得太多，只能还最低额度了，就需要延期还贷，而且延期付款的钱还需要支付一定的利息。这项利息就是财务费用。总之，所有跟借钱融资相关的费用，你都可以把它理解为财务费用。

其实，与个人及其家庭相比，企业更是发生财务费用的大户。从现实情况来看，大部分企业都是负债经营的。为了满足扩展业务规模的需要，企业可能会向银行借钱，也可能通过发行企业债券来融资。向银行借钱，要给银行利息。发行企业债券，除了要付给购买者利息以外，还必须首先把债券印出来，而印债券的钱也算是财务费用。

如果企业有境外业务，总会有些外汇存储，要是汇率有些变动的话，损失的钱或者增加的钱，也都称为财务费用。因此，所谓财务费用，就是指企业在生产经营过程中围绕资金筹集而出现的各种费用。为了将财务费用理解得更透彻，还是让我们来看实例，表2.6 为 A 机场的财务费用表。

表2.6 A 机场20××年年报财务费用资料

单位：元

项目	本期发生额	上期发生额
利息支出	74,773,714.96	54,014,508.63
减：利息收入	15,553,702.25	10,980,102.63

（续表）

项目	本期发生额	上期发生额
汇兑损失	558,628.61	457,291.29
减：汇兑收益	85,182.48	139,755.09
其他	9,000,926.25	6,881,416.99
合计	68,694,385.09	50,233,359.19

从表 2.6 中我们可以看出，该机场的财务费用中不仅有利息支出，还有利息收入。任何一家企业几乎都有着纷繁复杂且交织在一起的多种业务。至于财务方面，可能既有为了维持运营和发展而出现的贷款，又有由于其他原因借出的款项。不仅如此，如果借出的账款到期未付，想要延期支付，还要付出一定的利息。拥有跨国航班的 A 机场一定会有外汇方面的储备，而且外汇的种类可能不止一种。提到外汇，还会涉及汇率问题。随着汇率的波动，原本的外汇储备就会出现汇兑损失和汇兑收益的问题，而这二者也成了 A 机场财务费用中的重头戏。

资产减值损失：到手就贬值

笔者在经营补习学校的时候，遇到过这种情况：有的学生在上课之初就告知学校，由于种种原因，自己需要缓交学费。当然，很多学生后来陆续补齐了学费，但也有极个别学生上了一段时间的课之后就消失了。这些消失的学生应该缴纳的学费就是学校账簿上的"应收账款"，但随着学生不再来学校上课，"应收账款"也就成了一笔名义上的收入，实际上再也不能兑现了。这笔不可能收回的"应收账款"客观上造成了补习学校的损失，成了学校的资产减值损失。

对于这一点，有车的朋友肯定有更具体、更深刻的体会：一辆新车 10 万元，开两个月，也就值 8 万元。毕竟，汽车不是古董字画，不是年代越久就越值钱，而是会随着使用期限产生磨损直至报废。而这样的损失，叫作固定资产的减值损失。

除去上面提到的有形的东西，还有一种无形的东西也可能会出现减值损失的情况。比如笔者家楼下有一家小超市，小区的居民几乎都去那里购物。可是，有一天，店主贴出了转让广告。因为他的女儿要上高三了，现在的环境没有办法让孩子专心致志地学习，他要去学校附近陪读。小超市的资产加存货大概只有3万元，但他们开出了10万元的转让价。

这是什么原因呢？因为它的盈利能力很强，所以大家想要拥有它就要溢价购买。如果有很多人都看好这个商机，并且都有购买意向，觉得10万元还真的不贵，就可能有人会私下里说："我出11万元，尽快兑给我吧。"这就是支付了所谓商誉的价格。

不过，这里也有一个问题。假如你支付10万元接手超市后，经营不善，很多老顾客就不会再来光顾了。此时，超市的盈利能力就下降了，原本价值10万的它价值开始缩水，甚至可能只剩下资产加存货的3万元，其他7万元就打了水漂儿。若是出现这种情况，损失的7万元就是你的商誉资产减值损失。而商誉受到损害本身就是一种无形资产的损失。总之，无论个人还是企业，都会遇到资产减值损失。

目前，为了确保自身的稳定和发展，企业每个年度要以公允价值来对自身的价值进行重新核对，如果出现资产减值损失，应当立即确认，并当成成本和费用在当期的收入中减掉这项损失。一经确认，不得更改。所以，也有很多企业不愿意承认自己的资产减值损失，因为它会吞噬掉一部分收入，削弱企业的盈利能力。

不过，只有正视资产减值损失，才能为企业的盈利能力添砖加瓦。下面就让我们通过表2.7来认识一下知名企业A车集团是如何计算资产减值损失数据的。

表2.7　A车集团20××年年报资产减值损失资料

单位：元

项目	本年累计数	上年累计数
固定资产减值损失	352,462,631.70	848,545,302.67
贷款减值损失	285,858,745.27	68,205,565.43
无形资产减值损失	179,889,658.47	140,962,049.85
存货跌价损失	154,615,005.18	523,024,331.47
坏账损失（坏账损失准备转回）	19,825,316.47	（4,704,582.11）
商誉减值损失	550,000.00	—
长期股权投资减值损失	380,000.00	20,000,000.00
在建工程减值损失	—	360,413,598.77
合计	993,581,357.09	1,956,446,266.08

从表 2.7 中我们不难看出，固定资产减值损失是资产减值损失里最大的项目。其实，我们可以想象一下，固定资产越多，它的减值损失就越大。而且，如果不是古董的话，只要是固定资产，就会越来越不值钱。此外，A 车集团的资产减值损失资料里还有存货跌价损失一项。此项内容的存在有非常积极的意义，它充分透露出了一个信号：A 车集团已经意识到，自己还没有卖出去的汽车，现在对于公允价值来说，已经减值了。

公允价值变动收益：坐等升值

前几年，随着房地产热的兴起，很多人陆续加入"炒房"的行列。请注意，炒房也就是"投资性房地产"，你买了房并不是因为没房住，而是想买了它以后坐等升值后，再卖掉以赚取收益。

比如，2005 年 12 月 31 日某房产估价为 300 万元，而到了 2006 年 12 月 31 日该房产估价 500 万元，那么你就赚了 200 万元。可如果到了 2016 年末，该房产的估价只剩下了 200 万元，那你就亏损了 100 万元。把它们归类到公允价值变动收益中，赚了就填写正值，亏了就填写负值。

说完了个人，我们再来看一下公允价值变动收益对于企业的影响。表 2.8 为 A 车集团的公允价值变动收益数据。这就是一个最好的模板。

表 2.8　A 车集团 20×× 年年报公允价值变动收益资料

单位：元

项目	本年累计数	上年累计数
产生公允价值变动收益（损失）的来源：		
交易性金融资产	（269,382,641.26）	221,270,676.65
交易性金融负债	56,794,440.55	10,839,999.65
股票及现金选择权[附注（六）11]	（113,235,578.64）	64,745,611.97
合计	（325,823,779.35）	296,856,288.27

从表 2.8 中我们不难看出，A 车集团公允价值变动收益（或损失）主要由三部分构成，它们分别是交易性金融资产、交易性金融负债与股票及现金选择权。其中，交易性金融资产与金融负债是相对应的，它们都属于短期持有行为，都是为了在近期内为企业的经营筹集资金。不同的是，前者是在近期内售出股票、债

券等，后者则是通过发行短期债券等为企业融资。而股票及现金选择权就比较好理解了，就是在企业的经营活动中，企业所持有的股票或现金可能会出现增值或贬值的情况。

不过，在了解上面的知识之后，大家还需要了解一个小常识。众所周知，经营企业的人都想赚钱，最好自己一直财源滚滚。那么我们怎么从相关报表中看出自己是赚钱还是赔钱了呢？这个很好办，除了把条目列清楚，最重要的一点就是要把收益和损失明显地标记出来。

如何标记才好呢？按照我国现行的财务制度，收益（赚了钱）用正数表示，且通常情况下正号省略；而损失（赔了钱）的表达方式较多，其中比较常见的有三种：第一种是直接写上负号，比如"–50元"；第二种是在数字前后加括号，其最典型的代表就是表2.8中提到的"交易性金融资产"，它就是用的括号，说明这个值是负的；第三种就是不论加括号还是加负号，都用红笔书写。这也是为什么一般谈及某国财政亏损，都会说"赤字"。

投资收益：入市需谨慎

不知你是否有过这样的经历：一位朋友找到你，非常诚恳地邀请你一起做生意。你除去投资之外，什么也不用管，每年坐享分红即可。如果你有这样的经历，那么每年你收到的分红就是投资收益。但如果亏损了呢？你就没办法收到分红了，只能等效益变好再说。

再通俗些说，比如你投了100元，加上朋友的200元，一共300元的原始资本。但到年底，这钱只剩下150元了，那么你们的投资收益就变成投资亏损了，为"–150元"。无论收益还是亏损，都称为"投资收益"，只不过亏损用负号表示。

我说

你买过债券吗？记得小时候，有一种国债非常流行，它就是大名鼎鼎的国库券。有一次，笔者曾拿了一张票面价值20元的国库券去玩游戏，游戏厅老板极其热情，让笔者痛痛快快地玩了1小时，价值1元。当时，幼小的笔者并不清楚国库券也能当钱花，反而觉得特别兴奋。

其实，像国库券一类的国债当时不能当现金使用，但到期可以换成现金，并且有利息。所以，购买国债也是一种投资。另外，国债带给你的利息收入，也是投资收益。

当然，买国债能收入国债利息，购股票也能收获股利。比如，你买了某企业的股票，该企业今年赚了很多钱，然后以现金形式发放股利，每股派发1元。如果你有100股，可以获得100元的现金股利。因为你投资了这家企业（不论你的动机和行为是投资还是投机），所以这也是你的投资收益。

这里需要注意的一点是，投资收益还包含了另外一个子项目，叫作"对联营企业和合营企业的投资收益"。这就需要投资者首先弄明白什么是联营企业，什么是合营企业。

概念说

> 联营企业是指两个及两个以上相同或不同所有制性质的企业法人或事业单位法人，按自愿、平等、互利的原则，共同投资组成的经济组织。合营企业是指由两个或多个企业或个人共同投资建立的企业，该被投资企业的财务和经营政策必须由投资双方或若干方共同决定。

联营企业不是哪个单位或哪个人的子公司，你有20%～50%的表决权资本时，只能表明你对企业的影响力很大。无论如何，你对联营企业有的仅仅是重大影响，对于企业的经营决策和财务决策只有参与决策的权利，却不能去控制它。而合营企业只要你有权，就可以决定它的经营决策和财务政策，但也不要忘了，这种控制权是由几方共同所有的。所以，无论联营企业还是合营企业，都不是真正意义上自己的企业，也不是自己的子公司，因此要把它单独列出来。

表2.9为A车集团的投资收益数据。从这些数据中就可以清楚地看出上述概念的影响。

表2.9　A车集团20××年年报投资收益资料

单位：元

项目	本年累计数	上年累计数
成本法核算的被投资单位宣告分派的利润	19,037,726.66	36,908,028.76
权益法核算的长期股权投资收益	12,362,112,405.76	9,522,135,053.57

（续表）

项目	本年累计数	上年累计数
长期股权投资差额摊销	（827,623.32）	（1,269,146.16）
处置长期股权投资产生的投资收益	31,654,784.55	18,977,763.11
权益法未实现毛利冲销	（430,754,237.04）	（249,447,515.38）
交易性金融资产/负债收益	833,593,540.21	189,610,578.74
可供出售金融资产投资收益	444,606,476.70	839,955,283.19
买入返售金融资产收益	3,495,333.97	83,027,452.62
多次交易分步实现非同一控制下企业合并之收益（注）	155,474,166.00	240,213,689.49
其他	33,573,317.55	90,180,613.86
合计	13,451,965,890.80	10,770,291,801.50

对于 A 车集团来说，其年报投资收益除了传统上的交易性金融资产/负债收益、可供出售金融资产投资收益等，还存在成本法核算的被投资单位宣告分派的利润、权益法核算的长期股权投资收益、多次交易分布实现非同一控制下企业合并之收益等项。从后三者的名称中不难看出，A 车集团的旗下不乏被投资企业、长期控股企业及被合并的企业。这也从另一个侧面说明了 A 车集团年报投资收益的多样化。

营业外收入、营业外支出：意外的惊喜与损失

什么是营业外收入呢？举个最简单的例子：你在街上走，捡了 1 元，这 1 元就是你的营业外收入。为什么呢？因为第一，"捡"并不是你的主营业务；第二，它不需要你花费任何的成本。

如果企业也可以像捡到钱的人一样不付出成本就可以得到收入，这样的收入就被视为纯收入，它不需要减掉上面提及的任何一项费用或成本，所以在核算的时候，纯收入，也就是营业外收入，需要和主营业务区分开。下面就让我们以某酒的营业外收入数据为例（如表 2.10 所示）来具体感受一下。

表 2.10 某酒 20×× 年年报营业外收入资料

单位：元

项目	本期发生额	上期发生额	计入当期非经常性损益的金额
非流动资产处置利得合计	1,002,700.00		1,002,700.00
其中：固定资产处置利得	1,002,700.00		1,002,700.00
政府补助	734,576.00	1,579,730.00	734,576.00
罚款及赔款利得	4,566,990.04	2,663,403.48	4,566,990.04
其他	877,318.50	1,064,011.43	877,318.50
合计	7,181,584.54	5,307,144.91	7,181,584.54

从表 2.10 中不难看出，某酒 20×× 年的营业外收入主要由三部分构成。它们分别是固定资产处置利得、政府补助、罚款及赔款利得。其中固定资产处置利得通常是处理了某些废弃资产而获得的收入，罚款和赔款利得多半是维护自身品牌的结果，而政府补助就是政府对于重点企业的扶植。

还有一点需要特别注意：虽然营业外收入能为企业带来额外的收益，但是具有偶发性，不能算成企业正常的盈利能力。就好像小孩子过年的时候总是能从长辈处得到压岁钱，一旦他有一年没有回老家或者长大成人，就不会再得到压岁钱了一样。

说完了营业外收入，再来看一下营业外支出。什么是营业外支出呢？很多人都喜欢看《红楼梦》，《红楼梦》中有一个非常不幸的人物——甄士隐，他因为家中遭遇了一场火灾而破产了。说起来，这场火是从隔壁的葫芦庙蔓延过来的，不是甄士隐放的，他只是受了牵连。所以，甄士隐所损失的一切都是营业外支出。

如果一家企业也像甄士隐那样赶上了地震、台风、火山喷发或者泥石流等不可抗力而遭受了损失，这些损失都应算作营业外支出。但需要我们注意的是，营业外支出和营业外收入不像营业收入和营业成本一样是相对立的。它们之间没有任何联系，并不是因为有了营业外支出才有营业外收入。

不过，同营业外收入类似，营业外支出也种类众多，它包括固定资产盘亏、报废、毁损、出售的净损失、非季节性和非修理性期间的停工损失、职工子弟学校经费和技工学校经费、非常损失、公益救济性的捐赠、赔偿金、违约金等。表 2.11 显示的 A 酒的营业外支出数据就是对此最好的说明。

表 2.11 A 酒 20×× 年年报营业外支出资料

单位：元

项目	本年金额	上年金额	计入本年非经常性损益的金额
非流动资产处置损失合计	1,446,949.71	3,205,229.09	1,446,949.71
其中：固定资产处置损失	1,446,949.71	3,205,229.09	1,446,949.71
无形资产处置损失	—	—	—
价格调控基金	13,842,779.17	9,628,419.95	
河道管理费	100,000.00	204,408.31	—
赞助支出	15,744,869.46	9,880,924.70	15,744,869.46
税收滞纳金、罚款收入	8,210.86	897,758.97	8,210.86
非公益性捐赠	557,970.00	1,307,659.73	557,970.00
其他	450,436.39	210,382.82	450,436.39
合计	32,151,215.59	25,334,783.57	18,208,436.42

从表 2.11 中我们不难看出，赞助支出是 A 酒营业外支出的重头戏，这是出于企业塑造自身形象和进行公益事业的需要。价格调控基金牢牢占据了第二的位置。价格调控基金是由国家控制的用于调控价格稳定市场的。某些产品的价格必须控制在一定范围内，以稳定市场。

有了良好的外部形象和稳定的市场，企业自然会焕发活力，健康成长。当然，我们也不宜以防护企业安全为由过分依赖营业外支出，以免给企业造成过重的负担。

利润总额、所得税：秋后算账

有了收入，有了支出，就会产生相应的利润。只不过，当支出大于收入时，利润就变成负数了。（当然，按照习惯，我们一般不用"负利润"，而用"亏损"来表示。）企业出现营业外收入和营业外支出的时候，会不会产生营业外利润呢？营业外利润会不会计入企业的利润当中去呢？答案是当然会。

这是因为，营业外收入和营业外支出虽然是原计划之外的收入和支出，但产生它们的主体还是企业，而且它们属于企业的纯收入和纯支出。基于这一点，用营业外收入减掉营业外支出后得出的营业外收支减额与营业利润相加，得出的结果就是利润总和。这样，企业就能知道自己今年一共赚了多少钱。

赚钱是一件令人高兴的事情，它是企业活力的重要标杆。不过，赚钱之后还有一件很重要的事情要做，那就是缴税。这时，你也许会感到万分困惑，前面不是已经缴过营业税了吗？就算是一些特定领域的企业不也缴过附加税了吗？还要缴什么税呢？是的，营业税和相关的附加税已经缴过了，现在要缴的是所得税。

提到所得税，可能大家并不陌生，因为每位工资超过5,000元的人士都要向国家缴纳个人所得税。实际上，在我国，所得税主要包含三大类，除了个人所得税之外，还有企业所得税。这里我们重点介绍一下企业所得税。

所谓企业所得税，就是国家针对企业法人在一定时期内的收入所征收的税种。它的征收是建立在利润总额基础上的。用利润总额乘以相关的税率，得出的结果就是企业所得税了。此外，我们还需要注意一点，那就是企业所得税采用的是固定比例税率。

利润总额减掉应缴纳的所得税之后，剩下的钱就都归老总所有了。经济学家为这些剩下的钱起了个名字叫"净利润"。关于净利润的相关问题，我们将在第3章展开。

每股收益：给你一个平均值

因为本书研究的财务报表绝大部分属于上市企业，所以企业的组织形式肯定是股份制。既然是股份制，在得出净利润之后，就得将净利润分摊到每股中，看看收益如何。通俗地说，就是看看每股能赚多少钱。为什么要这样计算呢？

举个最简单的例子，假设这家上市公司的总股本只有100股，而公司有张三、李四、赵六三位股东，他们各自按照自己的出资额拥有股份。算明白了每股收益，每个人就能通过它来计算到底自己赚了多少钱。

如果本年度公司赚了100元，分摊到每股中的收益就是1元。拿到了这样的利润表后，你可以默默地拿出计算器，计算自己的收益。若你有1股，那么就将它与每股的收益相乘，得出的结果就是今年投资企业赚到的钱。好了，通过计算，你知道了，今年你投资的企业，给你赚了1元。

在这个例子里，每股的收益只有1元。虽然数额少了点，但构成它的内容并不简单。实际上，在每股收益中还包含两项内容：基本每股收益和稀释每股收益。

基本每股收益

最简单的情况下，基本每股收益最原始的计算公式为"净利润/总股本"。比如在上面的例子中，净利润为100元，总股本是100股，那基本每股收益就是1元。遗憾的是，有些时候情况不像我们想的那么简单。

还是举个例子来说明。某公司多年来的总股本一直是100股，但它在今年的10月末又发行了20股，净利润还是100元，那要怎么算？是按100股算，还是按120股算？要按100股算，那新发行的20股怎么办？要按120股算，可这20股其实在本年只发行了两个月，它们没出现之前的老股东的利益就受损了啊！

为了避免这种情形出现可能造成的某种混乱，我们可以采用加权平均法。

> **公式说**
>
> 基本每股收益 = 归属于普通股东的当期净利润/当期发行在外普通股的加权平均数

作为分子的"归属于普通股东的当期净利润"非常好理解，就是上一小节提到的利润总和与所得税的差额。重要的是作为分母的"当期发行在外普通股的加权平均数"，尤其是普通股如何加权平均。

就上面的例子来看，原来的100股肯定没问题，是作为分母的。关键是新发行的20股，因为它们只存在了两个月（11月和12月），只占一年中12个月份中的两个月，就是2/12。因此，这20股新股要折合到全年中去，应该计算为20×（2/12）。那么基本每股收益为100/(100+20×2/12)，等于0.97元，这时的基本每股收益为0.97元。

要是按照旧会计准则呢？不管是哪个月发行的，只按期末有多少来计算。到了年末，公司全部股本是120股，就用净利润100元除以总股本120股，为0.83元/股。这样的算法称为摊薄每股收益。

稀释每股收益

说完了基本每股收益，再来说说稀释每股收益。二者最大的区别在于，基本每股收益本来就是普通股收益方面的结算，而稀释每股收益则需要先将自己转换为普通股收益方面的结算。

还是引用上面的例子。该企业一直在外发行的普通股总股本为100股,在这一年的年初,又发行了100元的可转换债券,利率为2%,为期5年,每年的年末付息。需要注意的是,这不是普通的企业债券,只要你愿意,在期限内可以将这些债券转换为普通股,债转股的价格为1元。也就是说,你买了该企业发行的1元的债券,随时可以转换成1股普通股。

这些债券转换为股票了,从现金流入的角度来说,因为这是他欠你的钱,他不用还了,这些债转股的钱变成一种收益了,所以企业还要交33%的所得税。下面我们来分步计算一下。

由于你将全部债权转换成股权了,企业就不用再付利息给你了,但企业还得交所得税。假设全部债权都转换成了股权,那么转换所增加的净利润为:$100 \times 2\% \times (1-33\%) = 1.34$元。

为什么不把100元的债券算成是收益呢?因为企业发行了100元的债券,这些钱已经被企业收走了。你得到的收益只是不用再支付2%的利息了,所以你得到的收益就是免付利息的收益。

由于全部的债权转换成了股权,每股转换价格为1元,那么一共增加的股数为100股。

增加了1.34元的收益,又增加了100股股票,所以每股收益为0.0134元。

债转股以前,每股收益为1元。债转股以后,增加的每股收益并没有原来的每股收益多,把新股加进来以后,会稀释原有的每股收益,所以叫作稀释每股收益。

最终的计算,原本收益为100元,加上增加的收益1.34元,共为101.34元。原本的普通股数量为100股,又增加了100股新股,共为200股,那么最后的稀释每股收益为0.5067元。

第 3 章

利润表的核心就是解决花了多少钱、赚了多少钱的问题

利润表也叫损益表，"损"就是丧失的，"益"就是所得的。利润表说的就是企业花了多少钱，又赚了多少钱。

净利润：最终赚了多少钱

看一家企业在一个会计年度内到底赚了多少钱，第一眼一定要落在净利润上，因为净利润是扣除所有的成本和费用后剩下的钱，属于纯利。不论这一年中，你花费了多少成本，付出了多少精力和心血，将付出的部分扣除之后，最后的收获一定反映在净利润上。通常情况下，净利润越高，企业的盈利能力就越强。另外，我们还需要特别注意：单一的某一年度的当期净利润数据并不能反映出企业的盈利能力。

举个简单的例子，如果一家企业一年获利100亿元，它的利润是高还是低呢？单从数值上来看，100亿元确实很高。但如果你发现，这家企业去年的净利润是130亿元，前年的净利润是160亿元，大前年的净利润是190亿元，结果又如何呢？相反，如果某一家企业当期净利润有1亿元，去年是8,000万元，前年是6,000万元，大前年是4,000万元，那么这家企业的盈利能力是强还是弱呢？

很显然，第一家企业虽然净利润数额惊人，但盈利能力在减弱，而第二家企业虽说净利润远远赶不上第一家，但盈利能力在逐年增强。因此，我们不能片面地看某一时期的数据，应当找出历史数据来加以比较，并且历史数据越多越好。历史数据越多，反映出的情况就越接近企业的发展趋势。下面就让我们先找出几家公司来比较一下（如表3.1所示）。

表3.1　A机场、A钢股份和B油净利润数据

单位：万元

年份	A机场净利润	A钢股份净利润	B油净利润
20×9	75,308.98	21,000.17	−123,882.66
20×8	69,710.25	108,359.31	−75,417.24
20×7	58,777.86	170,426.55	−1859.47
20×6	54,389.47	151,537.68	423.72
20×5	48,577.45	518,857.20	59,605.56
20×4	36,086.26	651,871.76	34,988.55
20×3	29,220.45	389,700.62	17,871.16
20×2	25,151.29	482,489.04	23,974.19
20×1	28,357.17	320,358.31	17,377.46
20×0	29,614.38	56,925.96	15,726.12

从表 3.1 中不难看出，A 机场、A 钢股份和 B 油的净利润表呈现了三种不同并且非常典型的净利润发展趋势。

首先来看 A 机场。A 机场的净利润其实没有 A 钢股份多（20×9 年除外），但它呈现了一种稳步上升的势态，和 A 机场合伙做生意会很放心。而 A 钢股份呢，虽然净利润数额都很大，但它太不稳定了。在这 10 年中，一年多，一年少，像坐过山车一样，是很刺激，但刺激过后什么也没剩下，现在的净利润比 10 年前还要低。和 A 钢股份合伙做生意，你会担心下一季报或年报是好是坏，心里常常打鼓。

再看 B 油，它的净利润可以说是断崖式下跌，就像断崖一样。就像某个人，今天查出心脏病，明天查出糖尿病，后天又查出高血压。他说，来吧，咱们一起去爬山、去游泳，你敢去吗？

我说

净利润反映的是企业经营效益的问题，不单要稳定，还要持续。哪怕是长期持平的净利润，也比上蹿下跳的净利润让人放心。所以，我们第一眼一定要落在企业的净利润上，并且要落在长期的净利润曲线上。稳定持续是所有有关利润的关键词。

▶ 营业外收入：不要过度依赖意外惊喜

看完了净利润，我们就可以筛选出一批净利润稳定且持续上升的企业了。但需要注意的是，企业的总收入中包含主营业务收入和营业外收入两部分。就好像你经营一家超市，超市内货物周转所赚的价格差就是主营业务收入；客人遗留下来的空矿泉水瓶，你把它收集起来，卖给收废品的人，这笔收入就是营业外收入。

我们在分析了企业的净利润后，一定要把营业外收入中产生的营业外利润剔除掉。这是为什么呢？因为营业外收入是偶发事件。它不经常发生，并不能代表企业的盈利能力。如果客人并没有遗留下空瓶子，就不会有这些收入。一个人不能总靠着运气过日子，企业也不能指着营业外收入来生存。

表 3.2 是 A 机场的总收入与营业外收入的数据。通过解读表 3.2，我们便可以明白营业外收入并不能成为衡量企业盈利与否的标准。

表 3.2　A 机场的总收入与营业外收入数据

年份	总收入 （万元）	营业外收入 （万元）	总收入 上涨比率	营业外收入 上涨比率	营业外收入占 总收入比率
20×9	467,331	4,439	10.24%	59%	0.95%
20×8	423,935	2,789	10%	162%	0.66%
20×7	386,548	1,064	17%	176%	0.28%
20×6	330,609	386	8%	303%	0.12%
20×5	304,970	89	14%	−82%	0.03%
20×4	268,344	493	11%	84%	0.18%
20×3	240,980	268	—	—	—

通过营业外收入的变化，我们可以直观地看出，营业外收入是偶发性的，时多时少，所以才会生成这样起伏不定的曲线。虽然营业外收入在最近的 4 年中有增加的趋势，但它的占比是非常小的，最少的一年占总收入的 0.03%，最多的一年占 0.95%。最重要的是，它并没有对总收入带来多大的影响，基本上可以忽略不计。从这一点可以得出结论，A 机场的收入，超过 90% 都是主营业务收入，并且呈现持续稳定增长趋势。不必担心总收入的水分过大。

我说

有些企业到了清算破产的最后时刻了，主营业务收入基本为零，维持日常工作只有一些零散的营业外收入。如果你看一家企业只看总收入，而没有看到总收入中绝大部分是营业外收入，就会被繁荣的表象蒙骗了。

▶ 营业成本：收入多不一定利润就多

在总收入中剔除营业外收入，剩下的就是主营业务收入了。在会计中有一个恒等式，利润 = 收入 − 费用，这里面包含了三个变量，其中收入与费用的变化决定了利润的变化。

不过，在进行具体分析时，我们不能单纯看某一项。只看总收入，就忽略了营业外收入在总收入中所占的份额；只看营业收入，就忽略了费用和成本在营业收入中所占的份额。

在利润表的第一项中，有两个内容，分别为营业收入和营业成本。营业收入有两个方面的含义：第一，是指将产品卖出，收回来的钱；第二，当公司主营业务是提供服务时，提供这些服务所收回的钱。而生产某产品，或提供某些服务的直接成本，为营业成本。

举个例子，生产一把斧头，金属和木头就是主营业务成本。给总经理发的工资算不算主营业务成本呢？不算，因为总经理并没有直接参与生产斧头的工作，跟主营业务不沾边，也就谈不上主营业务成本，他的工资应当计入管理费用。给生产这把斧头的人开工资呢？这就是主营业务成本，因为该工人直接参与了生产。

为更好地说明收入、成本之间的关系，我们看这样几个例子，如表3.3所示。

表3.3　A公司主营业务成本和主营业务收入数据

单位：元

年份	主营业务成本	主营业务收入
20×9	12,000	20,000
20×8	10,000	18,000
20×7	8,000	16,000
20×6	6,000	14,000
20×5	4,000	12,000
20×4	2,000	10,000

从表3.3中我们不难看出，A公司的主营业务收入保持着每年稳定增长的态势。如果只看主营业务收入，A公司确实不错。但如果我们看到了它的主营业务成本，就知道不论怎么加大投入，A公司的收入与成本之间的差距都是一样的。

这种情况说明，不论A公司如何加大投资以期形成规模效益，让主营业务收入不断创出新高，它的利润都是8,000元。如果你是股东，还不如直接投入最少的2,000元，不必再加大投资，因为即使加大了，利润也不会变。成本不断提高，利润不变，资产回报率就会越来越低。投2,000元也是赚8,000元，投12,000元也能赚8,000元，何苦再多投资那10,000元呢？

再来看B公司的例子，如表3.4所示。

表 3.4　B 公司主营业务成本和主营业务收入数据

单位：元

年份	主营业务成本	主营业务收入
20×9	12,000	5,000
20×8	10,000	6,000
20×7	8,000	7,000
20×6	6,000	8,000
20×5	4,000	9,000
20×4	2,000	10,000

从表 3.4 中我们不难看出，随着主营业务成本的不断增加，主营业务收入却不断下降，最终陷入净亏损。这种情况通常是管理层的决策出现了问题，战略方向出现了严重的错误所致。只可惜投入过多，没有办法回头，管理层想着通过规模优势能在市场中产生竞争力，却越来越糟，越陷越深。船小怕风浪，船大难掉头。放弃的话，前期投入的资本都化为乌有。只能硬撑着越投越多，越多越亏损。

接着来看 C 公司的例子，如表 3.5 所示。

表 3.5　C 公司主营业务成本和主营业务收入数据

单位：元

年份	主营业务成本	主营业务收入
20×9	2,000	10,000
20×8	4,000	10,000
20×7	6,000	10,000
20×6	8,000	10,000
20×5	10,000	10,000
20×4	12,000	10,000

C 公司常见于一些处于初始阶段的服务类公司，比如保险公司。刚刚开始时，公司需要花费大量的人力、物力去开发客户，当优质的服务吸引了这些客户后，就不用再花费精力与时间去开发，只需做好续单工作就可以了。这样，主营业务成本就会递减，主营业务收入却不会下降，或许还会有提升。

类似的还有路桥公司。除了初期的建桥修路的投入外，在道路的两端安插一个小亭子放一两个人，就可以营业了，投入越来越少，收入却持续不变或随着过路的人增多而升高。乍一看，它的主营业务收入常年不变，你可能会觉得它不是成长型，获利慢。殊不知，它内藏玄机，主营业务成本一直下降，利润在不断增长。

最后来看一下 D 公司，如表 3.6 所示。

表 3.6　D 公司主营业务成本和主营业务收入数据

单位：元

年份	主营业务成本	主营业务收入
20×9	12,000	35,000
20×8	10,000	30,000
20×7	8,000	25,000
20×6	6,000	20,000
20×5	4,000	15,000
20×4	2,000	10,000

D 公司的状态是大家都想要的。随着成本的增高，收入也在逐渐增高，可是它并不像 A 公司一样。D 公司的成本虽然增加，但收入增加的比成本增加的更多。成长型公司多有这类的收入与成本曲线，但要注意的是，要时刻关注它的经营情况，很多公司倒在了盲目扩张中。

关于成本增加，还有一个问题需要说明：那就是不能只看增长的绝对值，而要看比率，比率可以说明一切。

我们还是举实例来说明。表 3.7 为 A 机场的主营业务成本和主营业务收入的数据。

表 3.7　A 机场主营业务成本和主营业务收入数据

单位：万元

年份	主营业务成本	主营业务收入
20×9	265,441.20	423,935.16
20×8	245,252.59	386,547.95
20×7	189,942.36	330,608.95
20×6	176,348.72	304,970.16
20×5	142,881.75	268,344.00
20×4	126,100.51	240,979.76
20×3	126,100.51	214,930.82
20×2	118,601.73	154,078.27
20×1	37,878.67	106,185.11
20×0	36,615.50	93,965.56

A 机场类似于 A 公司，虽然不断投入主营业务成本，但主营业务收入并没有获得更大的增长，主营业务收入与主营业务成本之间的张口基本保持不变。如果按增长率来计算，主营业务成本的平均增长率为 19%，而主营业务收入的平均增长率为 15%。也就是说，它每投入 19 元的成本，只增加 15 元的收入。

> **概念说**
>
> 营业成本是指在生产过程中直接投入的成本，剩余的成本主要是销售材料、提供劳务等而发生的相关成本费用，以及相关税金及附加等。

如果 A 机场能够降低这些其他义务上的支出，投入的这些营业费用也会产生规模效应，从而使净利润增长。

表 3.8 为 A 酒的主营业务成本与主营业务收入数据。

表 3.8　A 酒的主营业务成本和主营业务收入数据

单位：万元

年份	主营业务成本	主营业务收入
20×9	107,719.23	448,814.81
20×8	70,615.36	301,662.50
20×7	53,875.28	214,345.19
20×6	37,288.22	158,451.93
20×5	42,219.86	184,679.38
20×4	39,986.00	151,864.10
20×3	29,894.81	107,159.31
20×2	24,763.63	83,725.77
20×1	22,015.73	62,579.93
20×0	18,707.63	51,523.64

表 3.8 基本就是我们想看到的比较理想的状态了。随着主营业务成本的增长，主营业务收入的增速大于主营业务成本的增速，产生了非常理想的规模效益。A 酒的主营业务成本平均增长率为 12%，主营业务收入增长率为 16%，即每多增加 12 元的投入，就多回报 16 元的收入。这正是我们期望的成长型企业。

销售费用：不得不花的费用

还是回到利润表上。我们从净利润开始，分析总收入中剔除掉营业外收入，接着看到主营业务收入和主营业务成本，后两者相减就能得到毛利润，用毛利润除以主营业务收入就能得到毛利率。

毛利润减掉各种费用，便是主营业务利润，这是彰显公司盈利能力的核心。而各项费用中就包含了税费、销售费用和管理费用等。税费在各企业之间并没有太大的差别，重要的是销售费用和管理费用。

关于销售费用，前文已经进行了简单的介绍，这里再次强调：销售费用越多，并不代表着企业聘用的销售人员越多、广告花费越多，卖出的产品也一定越多。销售费用多，并不代表用户体验好。只有优质的产品加上适当的销售，才能又快又多地卖出产品。销售人员很多，广告也做得铺天盖地，但产品体验一塌糊涂，钱花得再多，也无济于事。

正说

如果销售费用逐年递增，主营业务收入却一直上不去，那就要反思一下：是产品的问题，还是营销制度的问题；是历史遗留问题，还是某个环节出现了问题。

扩充销售团队，增加销售费用，如果能大幅提高毛利润，就是正向的发展。多投入1元的销售费用，就能获得10元的毛利润，是大家最为期待的。但如果多投入1元的销售费用，只增加了8毛的毛利润，那还不如不增加投入。下面关于酒类企业的销售费用和销售费用率的相关图表就是对上述观点最好的说明，如表3.9所示。

表3.9　A酒和B酒的销售费用和销售费用率数据

年份	A酒毛利润（万元）	A酒销售费用（万元）	A酒销售费用率	B酒毛利润（万元）	B酒销售费用（万元）	B酒销售费用率
20×9	341,095.58	92,136.61	27.01%	63,731.10	25,742.51	40.39%
20×8	231,047.14	58,148.00	25.17%	48,024.86	18,794.39	39.13%
20×7	160,469.91	36,387.80	22.68%	34,351.92	11,319.26	32.95%

（续表）

年份	A酒毛利润（万元）	A酒销售费用（万元）	A酒销售费用率	B酒毛利润（万元）	B酒销售费用（万元）	B酒销售费用率
20×6	121,163.71	30,997.22	25.58%	24,361.97	3,819.26	15.68%
20×5	142,459.52	36,290.47	25.47%	20,105.07	1,225.56	6.10%

先看 A 酒。它的销售费用率一直保持在 20%～30%，5 年间基本没有变化，也就是说，这是它的正常销售花费。而 B 酒最初的销售费用率极低，只有 6% 左右，但此后逐年上升。

为什么 B 酒要不断地增加销售费用呢？原因很简单——它在销售方面遇到了困难。20×9 年，它的销售费用率竟然达到了破天荒的 40.39%。也就是说，每获得 100 元的毛利润，就要付出 40 元的销售费用。这样的代价太高了。而 A 酒每赚 100 元毛利润，只需要花 27 元销售费用。这样，在销售费用的成本中，A 酒就比 B 酒少 13 元。正是这 13 元造成了两家酒类企业在盈利能力上的差距。

相对于酒类企业的高销售费用，机场企业的销售费用就低得多了。因为一个城市也就一两个机场，机场就在这儿，你要想从某城市乘坐飞机出行，用不着机场做宣传，你直接奔那儿去就行了。所以，机场企业基本上也用不到什么销售费用。

其实，无论销售费用高的企业还是销售费用低的企业，都不能越过一条底线，那就是企业自身的销售费用不能超过本年度的毛利润。即使创造的毛利润是其他企业的 10 倍、100 倍，可销售费用一旦超过毛利润，企业也很难盈利。如果成本在可承受范围之外，经营企业还不如不经营。

管理费用：最好控制在 10% 以内

管家不知起源于什么时代，但从古至今，他都在一些家庭或企业中扮演着非常重要的角色。企业中的"管家"被称为职业经理人。请个人来管家，是要发工资的，而且在其工作中需要用到的东西都得由老板报销。像发文件、开会、坐车，都会产生费用。这就出现了两个问题：第一，花的是谁的钱？这个答案很简单，当然是老板的钱。第二，谁是老板？当然是广大投资者，也就是股东。

第 3 章
利润表的核心就是解决花了多少钱、赚了多少钱的问题

解决了"谁是老板""谁投资"的问题之后，新的问题又随之而来：由于管家和老板的角色并不完全重合，所以二者的想法很多时候并不一致。

管家的想法是：我把老板的企业经营好，那就要多给我发工资，越多越好，我也拿得心安理得，因为这一切都是我的功劳。老板的想法是：你必须把企业经营好，因为这是你的职责、你的义务，但工资嘛，你干得好，当然可以多给你发点，可也要有个限度。

不过，即便一切都按部就班，老板也必须接受这样一个事实——不只负担管家一个人的工资。对于一家有相当规模的企业而言，只雇用一位职业经理人是非常不现实的。为了尽快处理繁杂的事务，保证企业的正常运行，职业经理人也需要组织起专门的团队来帮助自己。这样，老板就不仅要负担职业经理人的工资、日常工作的办公费用，还必须负担他组织的团队的工资和费用。

那么，这些钱从哪里出呢？很简单，从收入里出。我们知道收入不是净利润，收入要先减掉成本，扣除销售费用，当然还要扣除职业经理人和他团队的工资及其他费用，才能得到毛利润。这些工资和费用，就是管理费用。管理费用越高，侵吞掉的毛利润就越多。老板当然不希望侵吞掉太多的毛利润。

他说

> 巴菲特讨厌管理费用增长："在有些公司，管理费用占营业利润的10%，甚至更多。这相当于对公司业务抽了1/10的税，不但损害公司盈利，而且毁损企业价值。"

不过，职业经理人及其团队产生的费用只是管理费用中的一部分。要想使企业减少负担、保持活力、轻装前行，只做到监控职业经理人方面的费用不过度膨胀还不够，还不能少了对其他方面的监管。下面就让我们来看看 A 油的管理费用，如表 3.10 所示。

表 3.10　A 油管理费用数据

年份	毛利润（万元）	管理费用（万元）	管理费用占毛利润比率
20×9	57,855,900	7,712,400	13.33%
20×8	49,520,600	6,341,700	12.81%
20×7	38,617,500	5,721,300	14.82%
20×6	38,746,900	5,321,100	13.73%
20×5	34,792,500	4,932,400	14.18%

(续表)

年份	毛利润（万元）	管理费用（万元）	管理费用占毛利润比率
20×4	32,638,800	4,442,900	13.61%
20×3	27,560,700	3,628,400	13.17%
20×2	20,875,300	2,489,500	11.93%
20×1	14,958,300	2,181,000	14.58%
20×0	11,359,200	1,864,000	16.41%

当然，严格地执行巴菲特的"管理费用不超过10%"的理念有一定的难度。纵观A油10年来的管理费用，虽然每年都在增长，但其占毛利润的比例一直在14.40%上下徘徊。这是一个非常了不起的成就。

管理费用都包含什么呢？办公用品费、物流费、汽车费、差旅费、交通费、业务招待费等。众所周知，近年来，不仅是人力资源成本大大提高，各类用品、交通物资等的成本也大大上扬。尽管A油管理费用的绝对值在上升，但毛利润绝对值上升的速度更快。这就表明，A油在控制管理费用方面还是非常成功的。

另外需要注意的一点是，管理费用中还有一些隐藏项，它们通常会在报表的注释中出现，这也是我国和国外会计制度不同的地方。下一节将会提到的研发费用就是其中的一种。

研发费用：藏在管理费用的补充资料中

何为研发费用呢？按照字面意思理解就可以了，就是企业投入研究新技术、新工艺的资金。高科技公司和医药公司通常都会有大量的研发费用。它可是实实在在的成本，而且在这两类公司中是非常必要的成本。

创意已经成为世界各国企业的加速器。很多企业不惜将大笔资金投入研发。那么我们如何才能看到企业的研发费用呢？它并不在正表中，而是需要我们从注释里面寻找。一般的利润表，在各项费用中，都会有注释说明。找到"管理费用"所标注的那一项，在财务报表的后面去找它的注释，研发费用就在那里。

为了更好地理解，笔者特意将包含研发费用的管理费用表格从相关单位的年报中剪切出来。表3.11就是A科技20××年的管理费用部分数据。

第 3 章
利润表的核心就是解决花了多少钱、赚了多少钱的问题

表 3.11 A 科技管理费用部分数据

单位：元

项目	本期发生额	上期发生额
工资	7,469,245.11	7,046,678.03
福利费	1,244,370.46	755,068.13
工会经费	242,326.64	37,033.34
职工教育经费	205,162.12	20,303.84
保险费	2,724,103.96	2,245,599.48
研发费用	**593,754.98**	**327,197.84**
折旧费	7,051,286.92	7,431,282.20
办公费	4,893,27056	5,068,681.78
水电费	1,659,175.28	1,372,819.85
通讯费	447,479.48	239,471.32
差旅费	887,045.33	1,124,185.56
业务招待费	1,717,941.96	1,741,963.00
修理费	126,532.88	586,682.84

这是 A 科技 20×× 年年报中的管理费用注释，它在注释的第五大项第 38 小项。在这里，研发费用被称为研究费用。从表 3.11 中我们不难发现，工资和折旧费占据了 A 科技管理费用的绝大部分，研发费用占据的比重并不大，数量也不多。上期为 32 万多元，本期为 59 万多元。但正是这比例并不占优的研发费用为 A 科技创造了不菲的利润总额。

例说

梅耶尔在任职雅虎首席执行官期间，非常热衷于收购失败的创业公司。因为缺乏新颖的创意，雅虎渐渐在激烈的竞争中落伍。为了加强自己的竞争力，梅耶尔不惜使用"收购式招聘"的方法。因为被收购的公司虽然失败，但大部分缺乏的只是资金，而雅虎强大的资金链将成为这些公司坚强的后盾。这样，随着原公司进入雅虎的工程师就可以在新公司中大展宏图，为新公司奉献创意了。实际上，梅耶尔的做法是在变相地增加研发投入。

财务费用:"好的企业其实不需要它"

关于财务费用,前文曾简单介绍过,大家只要记得财务费用毕竟是费用,费用多了,就会吞噬毛利润。当然,它也会增加毛利润。财务费用与毛利润的关系好坏,全看决策者。如果企业发展势头正盛,那利用财务杠杆,就会出现规模效应。如果企业正处于平稳发展阶段,并没有扩张的打算,或没有扩张的契机,那财务费用越多,对企业盈利能力的拖累就越大。关于这一点,我们可以从下面A酒和B酒的财务费用数据中得到启发。

先来看A酒的财务费用,如表3.12所示。

表3.12 A酒财务费用数据

年份	A酒毛利润(万元)	A酒财务费用(万元)	财务费用占毛利润比率
20×9	231,047.14	−443.71	—
20×8	160,469.91	−200.40	—
20×7	121,163.71	−64.78	—
20×6	142,459.52	−352.36	—
20×5	111,878.10	−170.84	—
20×4	77,264.50	−50.59	—
20×3	58,962.14	−148.89	—
20×2	40,564.20	−58.04	—
20×1	32,816.01	179.22	0.55%
20×0	25,868.59	288.57	1.12%

从表3.12中,我们不难看出,A酒的财务费用在20×1年以前是正数。不过,这里的正数可不是现金的流入。因为费用本来就是要减掉的,费用为正数说明该费用造成了现金的流出。也就是说,在20×1年之前,A酒每年都要支付一笔财务费用。从20×2年开始,财务费用为负数,这就是现金的流入了。对此,利润表中的相关解释是:这些年来,A酒一直在用多余的现金放贷,以赚取利息,从20×2年开始都是利息收入。

这说明了两点问题:第一,A酒的现金非常充裕,充裕到它可以将自己的闲置资金借给别人;第二,有了这么大的现金存量,也说明A酒扩张的速度很慢。如果我们根据年利润来做折现分析的话,要对它的发展前景做保守的预估。在后面的章节讲对企业的估值时，会详细说到这些。

再来看 B 酒的财务费用，如表 3.13 所示。

表 3.13　B 酒财务费用数据

年份	B 酒毛利润（万元）	B 酒财务费用（万元）	财务费用占毛利润比率
20×9	63,731.10	983.92	1.54%
20×8	48,024.86	967.80	2.02%
20×7	34,351.92	1,189.37	3.46%
20×6	24,361.97	1,564.15	6.42%
20×5	20,105.07	1,721.49	8.56%
20×4	16,284.11	1,686.28	10.36%
20×3	13,320.03	1,225.51	9.20%
20×2	11,181.88	1,260.78	11.28%
20×1	10,098.92	1,290.64	12.78%
20×0	10,570.50	1,443.93	13.66%

从 B 酒的财务费用中，我们也能得出两点结论：第一，B 酒的现金相对于 A 酒来说是不充裕的，如果充裕，就不必借钱扩张了；第二，B 酒已经进入增长期，那么对于它的前景预估，我们可以不必像对 A 酒那样保守，可以多给 B 酒一些空间。

通过上面的例子，我们充分了解到财务费用的重要性。从狭义角度而言，财务费用通常指的是利息支出。对于利息，大家可能并不陌生，把钱存到银行里就会产生利息，银行把钱借给企业或个人也会产生利息。不过，这只是理论上的。如果借债人还贷能力不足，会不会"肉包子打狗，一去不回"？会不会只能勉勉强强还本，不能按时支付利息？

假设你借给朋友一笔长期借款，期限为 10 年，每年利息 1 万元。他一年就能赚 1 万元，你还敢借给他吗？他这一年赚的钱都给你还利息了，他不吃不喝吗？如果他一年赚 2 万元，你会借给他吗？这里就要加入一种考量了。

这种考量叫作"利息保障倍数"。什么是利息保障倍数？简单地说，就是衡量企业支付利息能力的指标。像刚刚举的例子，那个人一年需要支付利息 1 万元，而他每年只能赚 1 万元，就没有支付利息的能力。

借的钱越多，需要支付的利息也越多。巴菲特在致股东信中说道，越是有竞争优势的公司，越不需要借债。因为经营好的公司，它的变现能力和周转能力是非常强的，什么时候扩大规模，什么时候增加成本，非常灵活。所以，它不需要举债，这些钱用起来已经能运转自如了，剩下的就是现金的周转率和现金周转周期的问题了。1元用多长时间能转一圈，这是能力问题。用什么支付利息？当然用赚来的钱。所以，我们考量企业有没有竞争力，其中一个重要的标准，就是看它有没有利息支付能力。

如何计算利息保障倍数？

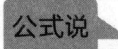

利息保障倍数 = 息税前利润 / 利息费用

回到巴菲特那句话，有竞争力的公司，根本不需要借钱。不借钱就不会产生利息费用，甚至会产生负利息费用，也就是利息收入。比如A酒从20×2年就不再有利息，而变成利息收入了。如果这个公司借了钱，就得支付利息。根据利润保障倍数的公式，它计算的就是你这个息税前利润是利息费用的几倍。有没有具体的参考参数？没有！

钱或者说现金及现金等价物，它的作用是流通，也就是企业的血液，氧和营养都靠着它来传输。你的利息保障倍数越低，也就说明你越依赖借款。也就是说，出现这种情况，你本身丧失了造血机能，只能靠输血来维持生命了。危矣！

折旧费用：没写在明处的成本

从开篇到目前为止，我们都是在接触看得见、摸得着的东西。营业收入就是收钱了，成本和费用就是花钱了。不论主营业务成本，还是财务费用、管理费用，或是销售费用、利息费用，都是清清楚楚在利润表中列出来的。从本节开始，我们就要讲那些没有被明确列出的成本，这些成本常会带来企业监控的漏洞。下面就让我们来接触"没写在明处的成本"中的第一位成员——固定资产折旧费。

我们一直在说权责发生制，它不仅在交易过程中存在，在现代会计制度里也无处不在，甚至存在于固定资产的折旧。举个例子，你买一个iPad，花了3,000元，预计可以用5年。你只是一次性支出了3,000元，并不是一下子把3,000元全用了。因为预计可以用5年，这3,000元要在这5年内摊销。

为什么要扯进权责发生制？因为时间是一年一年过的，你不能1年时间用了5年的份。而每年用掉600元的份额，是真实发生的事。用一部分份额，就算一部分份额，这就是权责发生制。只用了1年，还有4年时间没有过，没有发生的事，现在就不算。所以，虽然一次性支付了3,000元，实际上只是每年使用600元。

也许你会有不同的想法：反正都要花3,000元，我一次性支付3,000元和连续5年每年支付600元，有什么区别吗？怎么算都一样，我多了一个可以用5年的iPad，失去了3,000元现金。从表面上看，是这样没错，实际上却并非如此。固定资产的折旧费在企业中是至关重要的，因为它直接关系到企业的盈利能力如何。

假设一家企业用500万元购买了一台设备，这台设备可以连续使用10年，每年可以创造100万元的利润。如果用平常的眼光看问题，这台设备在未来的10年内，第一年盈利-400万元。后面的9年，每年盈利100万元。

这样计算科学吗？第一年亏损那么多，第二年一下子扭亏为盈又赚了100万？比第一年多500万的盈利。盈利能力好强悍啊！第三年又变成盈利100万了。这也差距太大了。

下面让我们按权责发生制重新审视这个问题。设备虽然花了500万元，但买的是10年的份额，每年只用了50万元。因此，每年耗费的成本是50万元。这样算来，企业每年的利润是50万元，且10年都是如此。也就是说，尽管企业的盈利能力没有增长，但还算得上"稳定持续"。用这两种方法评估企业，差距是相当大的。哪一种方法更科学呢？

当然是权责发生制更科学。因为当年损耗的就计在当年，不能把未来的损耗也算作今年的。不采用权责发生制，是企业财报混乱的诱因之一。因为企业可以隐瞒固定资产的折旧费用，或者少报折旧费用，这样计入当期的成本就会减少，企业的盈利能力就会被放大。所以我们要把企业折旧费计算出来，还原真实的净利润。

折旧的方法有很多，包括直线折旧法、工作量法、年数总和法、双倍余额递减法等。下面分别介绍一下。

直线折旧法

直线折旧法就是平均折旧，100万元的设备能用5年。平均计算，每年折旧20万元。其他的什么都不管，即使这一年停产了，没用设备，也要折旧。但设备即使是彻底损毁了，卖废铁也是能够变现的。所以我们应当把折后的残值减掉，得出设备的真实价值再进行折旧。假设该设备的残值为2万元，其折旧费用具体如表3.14所示。

表3.14 直线折旧法

年头	固定资产余额（万元）	计提折旧费用（万元）	累计折旧率
第一年	78.4	19.6	20%
第二年	58.8	19.6	40%
第三年	39.2	19.6	60%
第四年	19.6	19.6	80%
第五年	0	19.6	100%

工作量法

比如公司花50万买了一辆货车，理论上能跑100万千米。跑过了100万千米就要报废，那么就要按它实际上跑了多少千米来折旧。如果今年1千米都没跑，就不折旧。当然还要减掉残值2万元，那这辆车的原值变为48万元。如表3.15所示。

表3.15 工作量法

年头	固定资产余额（万元）	已跑公里数（万千米）	累计折旧率
第一年	38.4	20	20%
第二年	24	30	50%
第三年	24	0	50%
第四年	4.8	40	90%
第五年	0	10	100%

双倍余额递减法

双倍余额递减法是加速折旧法中的一种。还是引用直线折旧法中设备的例子，一套设备价值 100 万元，每年折旧 20 万元，到第五年全部折旧结束，设备残值为 2 万元。下面我们用双倍余额递减法来计算折旧。

双倍余额递减法就是将固定资产的总值看成其 2 倍，每年都按 2 倍的固定资产总值来折旧，达到加速的作用。

双倍余额年折旧率 = 2/5 × 100% = 40%。

因为该设备能使用 5 年，还要按双倍设备值来折旧，所以得出年折旧率为 40%。如果按正常的直线折旧法来计算，每年的折旧率为 20%，双倍余额递减法要将速度加快，所以 2 × 20% 为 40%。

第一年应提折旧 = 100 万元 × 40% = 40 万元。

第二年要用第一年折旧后剩下的固定资产来继续按年折旧率来计算。

第二年应提折旧 =（100 万元 –40 万元）× 40% = 24 万元。

第三年也要用第二年折旧后的余额来计算。

第三年应提折旧 =（100 万元 –40 万元 –24 万元）× 40% = 14.4 万元。

该设备一共可以用 5 年，最后的两年就不能再这样计算了。因为设备快到期了。把剩下 14.4 万元平均摊销了事。但别忘了，当 5 年过去后，我们卖废铁还有 2 万元的收入呢！到最后两年时，我们再把这残值减掉。

第四年应提折旧 =（100 万元 –40 万元 –24 万元 –14.4 万元 –2 万元）/2 = 9.8 万元。

最后两年是平均摊销，所以第五年的应提折旧同样是 9.8 万元。我们将这 5 年的钱加起来，一共还是 100 万元，如表 3.16 所示。

表 3.16 双倍余额递减法

年头	固定资产余额（万元）	计提折旧费用（万元）	累计折旧率
第一年	60	40	40%
第二年	36	24	64%
第三年	21.6	14.4	78.4%
第四年	11.8	9.8	88.2%
第五年	2（残值）	9.8	100%

年数总和法

前面的例子中，折旧率是不变的，如在前三年中，一直执行的是 40% 折旧率。而年数总和法的折旧率是变动的。它的公式有些复杂，我们需要了解两个数据，分别为预计使用年限和尚可使用年限。

继续沿用上面的例子，在第一年年初的时候，预计使用年限为5年，尚可使用年限也是5年。第二年年初，预计使用年限为4年，尚可使用年限为4年，以此类推……在第5年年初的时候，预计使用年限为1年，尚可使用年限1年。预计使用年限分别为5年、4年、3年、2年和1年。我们将这些年数相加，共为15年。

可能你会说，这不对啊，一个使用5年的设备，怎么突然变成可使用15年了。别急，这15年只是分母，要达到加速的目的，第一年的折旧率用尚可使用年限除以预计使用年限的总和。第一年的折旧率为5/15，第二年的折旧率为4/15，以此类推，最后一年为1/15。我们将这五年的折旧率加起来，为5/15+4/15+3/15+2/15+1/15，总数为15/15，还是100%。折旧率越来越低，达到了加速的目的。当然，原值还有减掉2万元的残值，该设备的价格为98万元。具体情况详见表3.17。

表3.17 年数总和折旧法

年头	固定资产余额（万元）	计提折旧费用（万元）	累计折旧率
第一年	65.3	32.7	5/15
第二年	39.2	26.1	9/15
第三年	19.6	19.6	12/15
第四年	6.6	13	14/15
第五年	0	6.6	15/15

上述几种方法是我国最常使用的固定资产折旧方法。这几种方法中，有的预先减掉残值，有的不减残值。这个在学习折旧方法的时候需要特别注意。至于企业具体用什么样的折旧方法，要看它的喜好。不过，某种方法一经采用，就不得随意变更。即使不得不变，也必须在注释中进行详细的说明。

资产减值损失：资产越大，损失越多

在利润表中，还有一项包含固定资产的内容，就是资产减值损失。资产减值包括坏账损失、可供出售金融资产减值损失、商誉减值损失和固定资产减值损失。对于固定资产，我们不但要计提折旧费用，还要在每个会计年度将它的账户价值和实际价值进行复核。在制定资产负债表时，经过对资产的测试，判断资产的可收回金额若低于其账面价值，就要计提资产减值损失准备所确认的相应损失。

商誉的减值通常出现在并购问题上。如果你并购了某家小企业，该企业总资产价值500万元，但你花500万元肯定买不来这家企业，因为它还有未来创造利润的能力，所以绝大多数情况下，需要溢价购买。多出来的部分你可以认为是购买它的商誉。并购的初衷是好的，实际情况却不一定如当初构想的那么美好。一旦经营不善，并购的企业的商誉就会下降，那么在合并的利润表和资产负债表中，就要扣除商誉的减值额度。

存货也会导致资产减值。因存货不能如预期尽快销售出去而濒临倒闭的公司比比皆是。其中最著名的莫过于克莱斯勒。当年若不是有传奇人物沃尔特·艾柯卡接任首席执行官，被讽刺为"全底特律的停车场"的它就会关门大吉。当然，在存货方面做得好的企业也非常多，比如ZARA。

ZARA处理库存的方法更为神奇。它的整条产业链包括产品设计、原料采购、加工制造、物流运输、订单处理、批发经营和终端销售等7个环节。从产品设计到终端销售，历时只有18天。而相比之下，我国某洋服制造商做完这7个环节需要180天。如果多个产品周期都重合在一起，仅从库存来看，每天的费用ZARA只需要18元，而某洋服制造商则需要180元。因此在价格上，同样的商品，ZARA的价格可以比某洋服制造商的价格低162元，两者毛利润才算持平。

企业运转得快，库存基本没风险；如果企业运转得慢，一旦行情有变，库存减值的损失几乎是不可估量的。

除去上述两方面，应收账款变成坏账的概率也不小。本来欠我的钱，结果没要回来，就变成了坏账。如果应收账款变成坏账，不仅损失了这部分利润，还损失了相应的原材料成本、人工成本、销售成本、管理成本、利息成本或提供的服务。这样的生意还不如不做，不做只是没赚到钱，做了收不回来钱，反倒亏钱。

另外，可供出售的金融资产也会带来资产的减值。企业常会在有闲置资金的时候购买期货、期权、股票及其他理财产品。可惜的是，有些企业只是本行业内的精英，对于理财产品可能并不在行。而理财型产品很容易因为经营不善给购买者造成一定的经济损失。

再好的理论也不如实践来得实在可信，下面就让我们一起来看 A 酒资产减值损失数据，如表 3.18 所示。

表 3.18　A 酒资产减值损失数据

年份	毛利润（万元）	资产减值损失（万元）	资产减值损失占毛利润百分比
20×9	341,095.58	−375	—
20×8	231,047.14	49	0.02%
20×7	160,469.91	2,206	1.37%
20×6	121,163.71	201	0.17%
20×5	142,459.52	2,728	1.91%
20×4	111,878.10	433	0.39%

从表 3.18 不难看出，20×4 年 A 酒不但没有减值，还有增值。遗憾的是，它代表的只是这一年的情况。20×5 至 20×9 这 5 年间却有不同程度的资产减值现象发生。但资产减值损失相对于企业的毛利润来说并没有造成致命的伤害，最高时也不超过 2%，最低时仅为 0.02%。这说明 A 酒的资产减值对它本身几乎没有造成任何影响。从它 20×8 年年报的注释中可以得知，20×7 年，其资产减值损失全部来自坏账损失，为 201 万元左右。2018 年多出了一项，如表 3.19 所示。

表 3.19　A 酒 20×× 年年报资产减值损失数据

单位：元

项目	本年金额	上年金额
坏账损失	21,984,024.89	2,012,515.00
存货跌价损失	5,300,776.77	—
合计	27,284,801.66	2,012,515.00

除了有 2,198 万元坏账外，还有 530 万元的存货跌价损失。A 酒连续两年出现坏账损失，并且坏账在该年突然飙升，这表明他们在选择客户方面需要改善了。

对于新出现的 530 万元的存货跌价损失，我们根本不必过于担心。要看是什么样的存货，白酒类企业的存货，时间越长，价值越高。但你说现在还有几十个库房的 VCD 播放机呢，那我只能对你表示同情了。A 酒在次年只有一项坏账损失为 433 万元，坏账问题有所好转。

再看一次净利润

同样是花钱,可以花在管理上、销售上,还可以花在财务上。钱花得对不对,会不会带来正收益,这都是问题。还有隐藏在销售费用、管理费用、主营业务成本中的固定资产折旧,它是怎么折旧的,每年折旧多少,是否都添加到成本里面去了?如果没添加,就是虚报了收入。

很明显,在接触利润表的时候,我们需要和以上诸多问题打交道。尽管问题很多,但线索也很清晰,基本上就是两条线:第一,钱是怎么进来的,是不是以健康规范的方式;第二,钱是怎么花出去的,花的钱能不能带来更多的收益。如果不能让钱生钱,还不如不花。只有将这两条线算明白了,才能清楚地知道在这一进一出、一增一减的过程中,利润有没有真正增加。而利润是否增加才是我们需要考核的指标。

为了更好地厘清花钱和赚钱这两条线,我们可以将其总结如下,如表3.20所示。

表3.20 赚钱和花钱的两条线

赚钱(收入)	花钱(成本和费用)	利润
主营业务收入	主营业务成本	利润总额
	营业税金及附加	
	销售费用	
	管理费用	
	财务费用	
	资产减值损失	
营业外收入	营业外支出	
	所得税	净利润

从表3.20中,我们不难看出,企业的收入,也就是赚钱这条线,主要是由两部分构成的。它们分别是主营业务收入和营业外收入。其中,主营业务收入是企业最主要也是最重要的收入来源。企业有稳定持续的能力,它的主营业务收入曲线必定是沿着一定角度向上的,并且是平滑运行的;若收入曲线的运行角度是向下的,或者是跳跃的,则可以认为该企业没有持续稳定的盈利能力。至于营业外收入,它是偶发的、不确定的。

同赚钱这条线相比,花钱这条线的成员显得略多。一家企业的成本和费用主要由主营业务成本、营业税金及附加、销售费用、管理费用、财务费用、资产减值损失和营业外支出 7 部分组成。

主营业务成本指的是收益性成本，也就是当期直接参与生产产品的成本，比如原材料、工人工资等。对于主营业务成本的评判不能片面地看它的绝对值是增加了还是减少了，而要看它的增加能不能带动主营业务收入的增加，并且必须保证收入增加的比例大于成本增加的比例。如果成本增加 1 元，收入也增加 1 元，就没有增加成本的必要了。

正说

成本不断下降，而收入却持续增加，当然是最好的情况了。这说明该企业不仅成功地控制了成本，并且具有极高的附加价值和极具优势的竞争力。通俗来讲，成本增加了并不需要大惊小怪，只要收入比成本增加得更多就可以了。

营业税金及附加的征收与企业的类型密切相关，同类企业之间却是相差无几的。销售费用是为了将生产出来的产品销售出去所要花费的费用。销售产品需要销售网点投入，需要销售人员，需要各种活动的支出等。在主营业务收入不下降的情况下，销售费用当然是越少越好。若销售费用逐年增加了呢？只要主营业务收入的增加大于销售费用的增加即可。

管理费用主要包含高管的工资、董事会费、通信费、招待费和研发费用等，其中大部分费用属于可控费用。

财务费用也是必不可少的。成长型企业需要更多的资金来扩大发展，现金不够怎么办？借钱融资。借钱是要给利息的，是财务费用。发行企业债券，不但要给利息，印发债券也有费用，这都是财务费用。一个借钱的企业经营状况到底好不好，这也要具体问题具体分析。借钱虽然要还利息，但如果能赚来更多的钱，那当然是好的。如果借来的钱，不但没赚到钱，反而亏损，还得还利息，那就是雪上加霜了。

如果要从严格定义的角度来讲，资产减值损失可能还算不上花钱。因为构成它的几项费用都不是支出，它的存在只不过是确认了企业在本会计年度内的损失。

固定资产的折旧，在财务中没有单列，而是分别放在了各期成本和费用中。但它有一个汇总，在现金流量表的补充说明中。固定资产的折旧是每个企业都不可避免的。折旧费用越高，说明该企业资产损耗越大，当期成本也就越高，利润也就越少。

有时候固定资产的折旧费用需要投资者自行计算，以避免企业的欺诈行为。固定资产折旧主要看两方面。第一看占比，看它占毛利润的百分比。如果占比很大，建议放弃，因为这样的企业每年赚的钱，大部分都计提折旧储备，准备将来买新设备用，剩不下什么钱给股东。第二看趋势。如果折旧费用越来越高，说明企业的固定资产在逐年增加，就要结合收入一起看，增加固定资产的同时是不是增加了收入。如果不能，就是冗余的资产，是累赘，只会产生费用，不会增加收入。至于营业外支出，同营业外收入类似，在计算企业盈利能力时不需要将其计算在内。我们应该把营业外收入和营业外支出剔除出去，只看主营业务收入和与主营业务相对的那组数据。另外，营业税金及附加和所得税也可以剔除，因为各企业大同小异。在此基础上，收入越多，成本和费用越少，企业的盈利能力越好。当然，成本和费用也可以适当增加，但必须符合以下两个条件：

第一，成本和费用的增加必须带动收入的增长，如果不能增长，那钱就是白花。

第二，要看成本和费用相对于毛利润的占比，占比要在一定的范围之内。

如果收入和成本都以良性的角度和增幅运行，这样的企业就是有盈利能力的企业。换句话说，这样的企业，你得找机会介入。

其实，除了看上述数据的增长幅度，我们还可以通过一项最直接的费用来判断企业的盈利能力，那就是净利润。它是上面提到的两条线总额之差。固然，净利润持续稳定地向上运行，说明该企业具有良好的获利能力，但这样的认定过于笼统，最好还要再衡量一下。

比如，张三和李四都卖冰棍，张三每天的总收入是1,000元，减去成本和各项费用赚取净利润100元。李四每天总收入200元，减去成本和各项费用赚取净利润40元。张三和李四都需要融资，你会投资给谁呢？张三净利润占总收入的10%，而李四为20%。当然要投给李四。李四的净利润占总收入的比率高，说明李四在卖冰棍的行当上有竞争力。

但有几种企业是需要我们区别对待的。第一种为零售业，比如沃尔玛，它的经营策略就是薄利多销，每天都有最低价。它靠的不是赚取更多的毛利润和净利润，而是加快库存的周转率，周转得越快，薄利多销的策略就越成功。

第二种为金融业和银行业。由于这两类行业的特殊性，它们的收益应当是平稳的，甚至我们可以说，它们不需要有多快的增长，只要平稳，把自己的本职工作做好就可以了。银行业和金融业都是高风险行业，风险控制是重中之重，如果放松了风险监控，短期内赚钱是很容易的，但长期来看，却是埋了一颗定时炸弹。

说完了特殊行业，我们来看一下普通行业的净利润情况，具体见表3.21。

表3.21　A酒和B酒净利润占比数据

年份	A酒总收入（万元）	A酒净利润（万元）	A酒净利润占比	B酒总收入（万元）	B酒净利润（万元）	B酒净利润占比
20×9	449,209	92,456	20.58%	142,099	9,213	6.48%
20×8	301,941	60,193	19.94%	11,6814	4,165	3.57%
20×7	214,456	35,499	16.55%	94,203	3,572	3.79%
20×6	158,710	31,461	19.82%	60,624	3,115	5.14%
20×5	184,873	41,521	22.46%	46,243	1,739	3.76%
20×4	152,882	31,766	20.78%	48,472	240	0.50%

从数据上看，A酒的净利润占总收入的比值在20%上下震荡，即每收入100元，就会有20元左右的净利润。这是一组多么诱人的数据啊！

反观B酒，它的净利润占比始终在10%以下，目前来看最高的只不过是20×9年的不到7%。更为触目惊心的是，20×4年竟然只有0.50%。但我们还是要再客观一点来看这个问题，A酒虽然始终游走于20%左右的高位，但几乎没有向上的趋势。

他说

按巴菲特的观点，净利润占总收入的20%以上的企业，就可以看成是有竞争力的企业。净利润占总收入在10%以下的企业，则是严重匮乏竞争力的企业。净利润在10%至20%之间的企业，则是介于两者之间、有待于投资者去发现的那些被低估的公司。

净利润占比固然是衡量竞争力的一个重要数据，但不应仅仅看净利润的占比，还要看它的走向和趋势。只有多方面立体地进行观察、分析，才能得出相对比较客观的结论。我们说A酒很不错，但B酒也很好，只是目前没有A酒好而已。我们说B机场也不错，但它的趋势是越来越不好；而A机场比较好，但它告诉我们，它会越来越好。

第 4 章

资产负债表,会计报表中唯一的平衡表

资产负债表左侧列出了总资产,右侧列出了负债和净资产。这些项目有些是企业自身的,有些是欠别人的;有些变现速度很快,有些却很慢。读懂这些,我们就可以知道企业拥有多少净资产。

货币现金：你随时能拿出多少钱

我们把钱投到企业中，与他人一起合伙做生意，目的是赚钱。这里所说的"钱"是通俗意义上讲的现金。因为从狭义角度来考虑，只有现金才能实现流通。100亿元现金的功用与100亿元应收账款、价值100万元的设备绝对不可同日而语。

当你赚的100亿元都是应收账款时，这些钱还存在着部分或全部不能回收的风险；当你赚了价值100万元的设备，有可能短时间内不能变现。而企业运营最需要的是现金。它就像人体内的血液、汽车油箱里的油，没有现金，企业什么事情都做不了。

举个简单的例子。你要为企业购买生产需要的原材料，这时你不能对供应商说："我现在没钱，这里有价值100万元的生产设备，我欠你50万元，你拿一半设备走吧。"供应商需要的是现金。因为即便他们愿意接受以生产设备作为交换物，也需要考虑市场等诸多方面的因素。如果生产设备涨价了，还好说，他们也跟着赚了一笔意外之财；如果生产设备价格下滑，他们就有赔本的可能。这样的风险是任何供应商都不愿意承担的。关于现金的意义，大家可以在第6章找到更翔实的表述。

总之，企业经营的过程，就是现金持续流进流出的过程。企业首先通过融资获得现金，再购买原材料加工成产品（这些还没卖出去的产品就是存货），然后把存货卖出去，换回来更多的现金，循环往复。有些时候，这个过程还会增加一个步骤，即存货销售出去了，但还没收回货款。这样赚来的钱并不是现金，而是应收票据或应收账款。将应收票据或应收账款收回来变成现金，一次完整的循环才会完成。具体情形如图4.1所示。

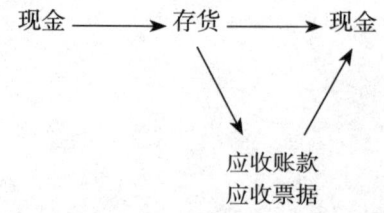

图 4.1 企业经营过程链条

关于现金的来源，第6章也会有详细的解说，这里只简单概述。现金的来源主要有三种：融资、出售业务或者资产，还有就是前面说的运营。靠运营来获得现金是最牢靠、最正常的方式。

按照正常情况，现金应该是越滚越多。既然有正常情况，也就会有特殊情况。如果成本高于售价，就会导致亏损；如果长期亏损，现金就会越滚越少。为了更好地理解现金对企业的重要性，让我们来看一下表4.1。

表4.1 A酒和B酒货币现金数据

单位：万元

年份	A酒货币现金	B酒货币现金
20×9	202,036	4,890
20×8	108,110	4,977
20×7	70,758	1,207
20×6	54,210	2,934
20×5	17,201	14,214
20×4	38,546	5,425

从表4.1中，我们不难看出，A酒在现金数据方面一直表现良好，B酒却有一点问题。B酒的货币现金量有一个突出点，那就是在20×5年的时候突然达到了1.4亿元，而其他年份却只相当于这一年的零头。这是什么原因呢？为此，笔者专门查阅了一下相关的数据，结果发现20×5年B酒确实经营得很好，但经历了20×6年的危机后就一直处于低迷状态了。

由此可见，能够随时使用的现金对于企业的经营有着莫大的影响。但是，我们也必须注意到另一个问题：现金多就一定好吗？现实情况是，当现金越来越多却无处投放时，随着通货膨胀，现金的购买力就会越来越低。这时，现金多反而是坏事。

钱多了怎么办

钱多了怎么办？使用方法很多，投资、消费、借钱给别人都可以。不过，也有人选择看起来最消极的处理方式——闲置。现在大家都讲究"钱生钱，越多越好"，竟然让钱闲置？

先不要急。如果你了解道家文化的话，就会明白所谓的消极有时候也许并不是坏事。它只是处理问题的一种方法而已，不存在任何感情色彩。再者，越是到了危急关头，才越能体现货币现金的重要作用。

对此，联想集团执行副总裁黄伟明深有感触。2008年，联想集团有一些闲置的资金无处投放。为了缓解资金闲置的现状，他们决定将多余的5.4亿美元存入银行，并且选择了定期存款。为什么资金雄厚的联想集团没有选择其他方式呢？黄伟明的解释和刘顺仁先生《财报就像一本故事书》中的观点如出一辙："市场变化太大，高现金水位除了可以应付市场变动以外，万一有收购的机会，才有办法立马进行。"

当然，也有不少人认为，既然钱多了没地方放，那就直接以现金股利的形式发放给股东吧。毕竟大家聚在一起合伙做生意就是为了赚钱，赚到的钱就应该以现金股利的形式直接回馈给股东。有一种方法与之类似，就是回购股票。这种方法可以间接提升股东手中所持股票的含金量。（我们在上一节已经提到过，回购股票之后，每股的价值会上升。）

还有人是坚定的投资派。他们坚持认为，资金闲置或者发股利就是浪费，不如将它用在扩大投资上。

或许你对电影《食神》中周星驰扮演的史蒂芬·周还有印象。史蒂芬·周有一个梦想：有了钱就开分店，一间变两间，两间变四间，四间变八间，然后上市，拆分，再上市……梦想很丰满，现实很骨感。如果投资环境好的话，这个梦想实现起来一点难度都没有。连一向温柔贤淑的宝姐姐也说过"好风频借力，送我上青云"呢！但没赶上好的投资环境怎么办？投资就会亏损，还不如不投。

对电影《食神》不熟的朋友可以参考一下《隆中对》。诸葛亮在《隆中对》中跟刘备说："天下有变，则命一上将将荆州之军以向宛、洛，将军身率益州之众出于秦川，百姓孰敢不箪食壶浆以迎将军者乎？诚如是，则霸业可成，汉室可兴矣。"天下无变怎么办？对于"孤穷玄德走天下"的刘备来说，天下无变，就是没有好的投资环境，就只能在荆州和益州待着。所以，扩大投资一定要掌握好时机。如果没有好时机，就静观其变。

现金多总归不是坏事，即使闲置也比没有强一些。如果遇到一些突发的事件，导致经济大背景出现了问题，或者企业本身出现了问题，企业能不能凭自身之力走出困境，全看手中有没有足够的资金。如果现金多，可以随时变现的有价证券多，负债少，那么走出困境很容易。相反，现金不足，也没有多少东西可以变现，负债还多，那就非常危险了。

当然，扩大投资也不是完全不可以，但这种情况非常特殊，而且适用的范围

第 4 章 资产负债表，会计报表中唯一的平衡表

也非常窄。对于一些依赖新技术、新工艺的高科技企业和医药企业来说，在现金充足和行业背景不佳的背景下，如果能够将多余的资金用于研发，就可以使自己在同行业企业中脱颖而出，甚至可能就此成为行业领头羊。

总之，无论企业如何选择，充足的现金都会或多或少在其发展过程中起到积极的作用。还记得那老生常谈但亘古不变的真理吗？现金为王！

存货：周转速度决定存货量

说到存货，大家可能并不陌生，就是企业需要卖出而尚未卖出的商品。既然如此，那么存货是越多越好，还是越少越好呢？或者保持时多时少的状态比较好？饭得一口一口吃，问题也得一个一个解决。为了更好地解答上述问题，先让我们来看一看存货是怎么计算的。

按照通行的国际标准，存货的计算方法主要有三种，分别为先进先出法、后进先出法和加权平均法。

举个简单的例子。有一家小超市进货，第一天进 2 件，每件 100 元；第二天进 3 件，每件 80 元；第三天进 1 件，每件 110 元。到了第四天，货物卖掉 1 件，售价 180 元。那么超市的存货价值该怎么计算呢？按前三天来计算，存货价值为 550 元。

如果使用先进先出法，就要按照进库的先后顺序出售，先进库的货先卖，后进库的货后卖。第四天卖掉的就是第一天进的货，成本为 100 元，那么存货就变成 450 元，利润为 80 元。

如果使用后进先出法，就要将后入库的货先卖出，先入库的货反而要后卖了。此时，第四天卖掉的就是第三天的货，所以存货价值变成了 440 元，利润变为 70 元。

如果使用加权平均法，就需要将进货价值平均分配到已经入库的 6 件货物上，得出每件货物的平均成本是 91.67 元。第四天卖出 1 件售价 180 元的货物，利润为 88.33 元。

以上就是国际上通用的库存计算的三种方法。不过，我国的会计制度已经取消了后进先出法，因为盲目地采用此法会影响当期的利润高低。

另外，关于存货的计算还有一个规定，那就是存货价值需要按照成本和市场

价中价格较低的那个来计算。

至于存货多些好还是少些好，这个要看行业特性。首先，它跟销售量有关。有的商品本小利薄，卖得快，生产周期也很短，要是存货少，可能会产生交货时间到了但交不出货的风险，是要付违约金的。有的商品成本高，卖得慢，一年才能卖一两个，而存货有100个，怎么办？既占用库房，又占用资金，有这些钱干点什么不好呢？

此外，存货的多少还跟经济周期有关。如果经济背景大好，那存多点货也可以；若相反，存太多货，积压了太多成本，麻烦就大了。

当然，也会有一些产品的销量并不会受到经济背景好坏的影响。巴菲特在买进剃须刀企业的股票时就曾经说过："每当我在晚上入睡之前，想到明天早晨全世界会有25亿男人不得不刮胡子的时候，我的心头就一阵狂喜。"

事实就是如此，男人并不会因为经济不景气或者遭遇战争、自然灾害等意外事件就不长胡子了，只要胡子长到一定程度就得刮。那么汽车呢？因为它并不是必备品，如果生存都成问题了，谁还会买车呢？所以，如果你看到某家企业的存货量一直处于跳跃的状态，那就是说它并不是像剃须刀一样的不受经济周期影响的商品。

下面让我们来看一下A车集团和B车集团的存货量，如表4.2所示。

表4.2　A车集团和B车集团存货量与占比数据

年份	A车集团存货（万元）	A车集团总资产（万元）	A车集团存货占比	B车集团存货（万元）	B车集团总资产（万元）	B车集团存货占比
20×9	2,495,080	31,720,300	7.87%	119,481	1,311,140	9.11%
20×8	2,925,690	31,863,300	9.18%	114,025	1,181,990	9.65%
20×7	1,816,200	22,884,200	7.94%	143,649	1,123,770	12.78%
20×6	831,415	13,815,800	6.02%	105,980	829,435	12.78%
20×5	744,215	10,785,700	6.90%	105,787	596,378	17.74%
20×4	785,141	10,181,500	7.71%	86,608	612,436	14.14%
20×3	565,030	8,392,410	6.73%	59,572	531,250	11.21%

汽车这类商品，更新换代的速度虽然赶不上电子产品，但还是比一般产品要快很多。发动机、外形设计等每天都在变化。这样的企业，存货量都不会太大。更新太快，存货还没卖光，新型产品就投产了。卖不出去的就会一直积压在库房里。所以，A车集团和B车集团的存货量虽然逐年上升，占总资产的比率却呈现

下降的趋势。

其实，像汽车这类深受经济背景影响的产品存货量占比越小越好，所谓船小好掉头。丰田汽车就是一个很好的例子。有段时间，丰田汽车基本上是零库存。消费者如果想要从丰田买车，需要先预购。有订单才生产，没有订单就不生产。这样就从根本上杜绝了存货占用大量资金不能变现的情况出现。

从表 4.2 中不难看出，A 车集团和 B 车集团这样的企业存货量占总资产的比重大约为 10% 左右，而我们说的像剃须刀这样基本上不受经济周期影响的企业，存货量占比就可以高一些。下面来看看类似的企业，A 酒和 B 酒的存货量数据，如表 4.3 所示。

表 4.3　A 酒和 B 酒存货量与存货占比数据

年份	A 酒存货（万元）	A 酒总资产（万元）	A 酒存货占比	B 酒存货（万元）	B 酒总资产（万元）	B 酒存货占比
20×9	124,973	491,175	25.44%	78,495	144,867	54.18%
20×8	101,585	345,581	29.40%	62,911	129,009	48.76%
20×7	80,817	250,860	32.22%	57,887	117,913	49.09%
20×6	69,182	211,536	32.70%	51,808	111,413	46.50%
20×5	49,653	188,648	26.32%	32,182	100,533	32.01%
20×4	40,985	166,482	24.62%	18,667	80,711	23.13%

在分析表 4.3 时，最好和第 2 章讲利润表的部分对比着看。A 酒的毛利润和净利润都高于 B 酒。通过与第 2 章的对比，我们不难得知，在开始的几年，A 酒的经营状况并没有 B 酒好。至于为什么 A 酒会反超，这真的值得深思。

20×9 年，B 酒的存货量竟然超过了总资产的 50%。再来看它的毛利润，其毛利润上升速度堪比龟速，但奇怪的是存货量不断攀升。这说明什么问题？说明 B 酒在销售方面遇到了困难，而且目前没想出很好的解决办法。不然，存货量不会持续攀升。

相比之下，A 酒不论总资产还是毛利润，都节节攀升，并且增速越来越快，它的存货量虽然也在每年提高，但存货占总资产的比例在 20×6 年后却一年比一年低。同样是卖酒，为什么会有天壤之别呢？卖得多才是硬道理。

产品卖得多，存货就会减少；存货减少，企业才能加快资金的周转速度，才能不断提升自身的赚钱能力。

应收科目：票据比账款安全性更高

应收科目的种类非常多，但重要的只有两个：应收票据和应收账款。如果要将二者的重要性做比较，那么应收票据当仁不让。为了更加清楚地说明问题，我们在本节中只对应收票据做重点介绍，其他的可以按照本节的套路进行推论。

众所周知，在实际的商业活动中，企业并不是每次在生意结束后都能及时拿到应得的现金。很多时候，由于资金周转等方面的问题，对方常会要求延期支付或分期付款，并会开出相应的票据。这些票据就是应收票据。到了约定的时间，企业可以拿着票据去收回自己应得的钱。也就是说，要想知道应收票据能收回多少钱，去看应收票据的数额就可以了。

但遗憾的是，那可不是确定能够收回来的钱，因为总会有一些人出于这样那样的理由没办法及时还款。所以，我们还得预先做好"钱可能收不回来"的心理准备。到底有多少应收票据会变成实实在在的资金，我们根本无法确定，只能按照比例来计算。

举个简单的例子。比如去年有10%的钱没有收回来，今年要么延续10%这样一个占比，要么提高一些，达到15%左右。不过，这些都是预估。有可能全部收回来了，也有可能百分之百都泡汤了。但如果我们这样想，就会将话题引向不可知论。所以，按照可理解、可预估的范围去准备集体坏账准备金还是非常必要的。

也许你会问，为什么不是一手交钱一手交货呢？还是以超市为例。假设你是一家超市的店主，超市资金比较匮乏。这时，有两家供货商来找你。其中一家表示，做生意讲究的就是"诚信"二字，咱们一手交钱一手交货。而另一家认为，你的问题只在于资金不足，销售能力还是不成问题的，可以给1个月的时间，等你将现有货物销售一空后再来收款。那么你会选择哪一家呢？结果不言自明。

再来看这两家供货商。由于供货政策不同，第一家供货商发现自家的生意越来越少，稍后又发现自己的竞争对手在赊销。好吧，你做初一，我做十五。你30天还款，我就31天！结果，大家又都跑去第一家进货了。第二家见势不妙，就开始调整进货政策……如此循环往复，到最后可能会有一家说，100年之后再回来付款吧。当然，这是开玩笑了。这就是延期付款现象存在的原因。

了解了延期付款存在的原因之后，还有一点需要我们特别注意：如果各供货商延期付款的时间都差不多，对大公司有利，而对小公司不利。因为大公司有充足的现金储备，小公司相对来说现金要少一些。延期付款对小公司而言，不仅意味着它在一段时间内没有足够的现金来做自己想做的事，还意味着在这段时间内它需要承担比大公司更大的风险。

另外，还要讲一下预付。预付和应收在某种意义上是共通的，只不过前者是到期收货，后者是到期收钱而已。此处不再赘述。

固定资产：一项需要长期摊销的成本

为什么固定资产是一项需要长期摊销的成本呢？固定资产多不好吗？在某种程度上来说，并不算太好。从广义上来说，如果不进行经营，也就是说，你不打理你的资产，它就会慢慢贬值。从企业的角度来看，固定资产又是必不可少的。不用说纯粹的制造业，就是那种只提供咨询服务的企业也得有固定资产，最起码得有一间办公室、一辆车、一台电脑，这些都是固定资产，都需要计算到企业运营的成本中。

卖冰棍的张三开始的时候，花2,000元购进了一台冰柜，冰柜的预计使用寿命为5年。其间，如果张三运气好，冰柜没有出过任何问题，它就可以继续使用；如果运气不好，三天两头需要维修，那么不仅冰柜的寿命会大大缩短，还会大量浪费资金。本来固定资产的投入只需要2,000元，要是频繁维修它，可能修理维护的支出都够再买一台新冰柜了。而这样的支出是隐性的，开始做预算的时候，很难做出准确估量。

如果是某高科技电子公司呢？这种产品更新换代的速度非同一般，需要不断更新流水生产线。产品更新有多快，生产线的更新就要有多快，这笔支出也是相当大的。可以这么说，固定资产越庞大，这些隐性支出就越多。所以，笔者在本节的开头就提到，资产多了可能不一定算多么好的事。拥有一套房产是件好事，房子越多越好，但物业费、取暖费等各种费用也是不小的开支，这和固定资产多的道理是一样的。

还有人做过这样一个设想：假设生产设备越多，生产的产品就越多，那卖出的也会越多，即收入会越来越多。据此得出结论，固定资产越多越好。反观B酒，它的存货量逐年上涨，积压现象也很严重，在2019年的时候已经超过了总资产的50%。为什么会积压产品呢？因为销路不畅。

当然，你可以说B酒是一个特例，那咱们再来对比。假设A车集团和A酒拥有同样多的生产设备，那二者中哪一家固定资产的隐性支出会更高一些呢？A酒最主要的生产设备是酒窖，如果没有地震、火山、泥石流等自然灾害的破坏，理论上可以一直使用，而A车集团却不具备这样的优势。

由此，我们可以得出一个相对准确的推论：对于固定资产而言，越是可以长久使用的、可以长期摊销的、更新换代慢的，就越有竞争力。

不过，光从理论上来评价固定资产价值大小是没有任何意义的，我们还是拿数据来说话，如表4.4所示。

表4.4 某酒固定资产、总资产、净利润相关数据

年份	A酒固定资产（万元）	A酒总资产（万元）	A酒固定资产占比	A酒净利润（万元）
20×9	3,669,155	31,863,300	11.52%	2,022,187
20×8	2,849,396	22,884,200	12.45%	1,372,852
20×7	1,465,058	13,815,800	10.60%	659,193
20×6	1,400,565	10,785,700	12.99%	65,617
20×5	1,744,607	10,181,500	17.13%	463,468
20×4	2,743,288	8,392,410	31.74%	142,492
20×3	290,707	1,459,484	19.92%	110,462
20×2	266,583	1,399,780	19.04%	197,809
20×1	248,436	1,209,206	20.55%	151,681
20×0	205,863	1,070,046	19.24%	107,044

从表4.4中，我们不难看出，该公司固定资产平均每年的上升速度为4.69%，但是固定资产占总资产的比值以平均每年9.4%的速度下降。最令人欣慰的数据是它的净利润，以平均每年14.53%的速度上涨，且净利润的平均上涨速度超出固定资产平均上涨速度近10%。

而汽车类企业，每五六年，固定资产的总额就会大幅增加一回。为什么会这样呢？我们在利润表中讲固定资产的时候也说过，这类企业对于生产设备的更新换代的速度要求特别高，所以每五六年间就需要大规模增加一次固定资产，看似能赚很多钱，但有多少被固定资产吞噬了呢？

综上，无论从理论上还是数据上，都验证了我们上文提到的那个相对正确的推论——对于固定资产而言，越是可以长久使用的、可以长期摊销的、更新换代慢的，就越有竞争力。

无形资产：无形的核心竞争力

《水浒传》是大家都熟悉的，即使没看过原著，多半也看过电视剧或听过相关评书。为了更好地说明无形资产的魅力，下面我们就拿几个好汉来做例子。

智取生辰纲的时候，晁盖团队里有个卖酒的白日鼠白胜。可是，除了这一回亮相，白胜好像就很少出现在大家的视线中了，直到梁山泊英雄大排位的时候才再次露面。这时候，如果你代表大宋朝廷签发捉拿梁山众人的悬赏令，请问你会为白胜开出多少赏银？对花和尚鲁智深悬赏多少呢？很明显，白胜在梁山的重要性怎么能和鲁智深相比呢？

对于这两个人悬赏金额的不同，就说明了个人无形资产的差异。无形资产是看不见摸不着的东西，却能真正代表个人或企业的实力。

为什么有些企业能持续赚钱，有些企业却起伏不定？拿贵州茅台来说，它的无形资产是什么？它历史悠久，可以追溯到公元前135年，距今2,100多年，再加上我国酒文化的沉淀，赋予它的无形资产可是无法估量的。不单单是贵州茅台，还有老白干、山西汾酒、杜康、五粮液等，都有不可估量的无形资产。

当然，这些企业都是国内做得比较好的名牌企业，但品牌年代久远就一定会有无形资产吗？这个似乎也不是绝对的。

再举个身边的例子。笔者的太太经营着一家专卖高端女鞋的网店。由于专业知识丰富，售前、售后服务都做得相当到位，回头客非常多。而且她还是一边玩一边经营的，看书、玩游戏、做生意都不耽误。即便如此，一个月下来，网店也会有至少1万元的收入。而她的总资产只是一台笔记本电脑和向淘宝网交的1,000元押金而已。

看到她的网店生意如此兴隆，曾有人想买她的店，不过最终没有谈成。因为买家出的价格太低，而她的网店至少值15万元。为什么要价会这么高呢？首先，以网站现在的营收水平，你付的这个价格一年左右就能赚回来。以后的10年、20年，这家店一直是你的，以后的利润也都是你的。此外，那些老顾客，还有长期树立起来的高端服务、高端品质的口碑和企业形象，都是你的财富。这就是无形资产。

遗憾的是，这样的无形资产不一定能变现。因为谁也不敢保证接手这家网店之后会经营得怎么样，是否和笔者的太太一样专业，是否一样能够提供高端的服务。所以，这家店的无形资产并不在于店，而是在于经营网店的人。

总的来说，如果你要对企业进行投资的话，或者你想买哪家企业的股票，一定要看到这家企业的无形资产，无形资产才是企业真正的竞争力所在。看不到无形资产，最好暂时按兵不动。

长期投资：职业经理人的难题

在说长期投资之前，我们先来看一看格雷厄姆在《聪明的投资者》中提到的"月度购买计划"。"月度购买计划"是纽约股票交易推出的一个旨在规范投资的活动，具体是指投资者每个月投入同样数额的资金买入一只股票或者多只股票。这就相当于长期存款了。简单地说，就像我们每个月从自己应得的3000元工资中拿出500元，投入股票市场中，不必管价位，也不必管是哪只股票，只要买就行了。这也算得上是一种程序化的交易系统了。

有的人喜欢将钱存在银行里，认为这样做既保险又不费脑筋。可如果遇到了低利率外加高通货膨胀的话，放在银行里的钱也会逐渐缩水。而放在股票市场里就不同了，可能会亏损，也可能会获得更高的利润。不过，即便是亏损，我们也是这家公司的股东，就当每个月拿500元进行存款了。

"月度购买计划"的好处在于，摊平成本，规避一次性买入大量股票的风险。因为很多时候我们都习惯一次性买入大量股票，对于购买的时机却不大注意。当买入的时机不对时，一次性大量购买就会全军溃败。如果分散开，每个月买一次，它会摊平成本。

一位叫露西尔·汤姆林森（Lucile Tomlinson）的女士就上述交易方法做了非常全面的研究。她用道琼斯工业指数成分股为样本来计算数据，并且以10年为一期，第1个10年在1929年结束，第23个10年在1952年结束，共23个10年期。为什么中间只相差23年，会有23个10年期呢？她是这样分的：从1920年到1929年算一期，再从1921年到1930年算一期，以此类推，共23个10年期。

这23个10年期不包括股息的话，平均利润达到21.5%。据此，汤姆林森得出这样的结论："无论证券价格出现怎样的波动，这种投资方法都能使人满怀信心地取得最终的成功。迄今为止，尚无任何可与这种方法相媲美的投资方法问世。"

对此，格雷厄姆也提出了自己的看法。在他看来，这种方法首先会被很多人质疑。虽然方法不错，但能够持续在每个月都拿出同样额度现金来的人并不多，

第 4 章
资产负债表，会计报表中唯一的平衡表

甚至可以说非常少。不过，幸运的是，从现在的发展势头来看，能够持续每个月拿出少量现金的人数在增加，而且基本上拥有正常收入的人都可以做到。这样，虽然每个月的投入量很少，但 20 年积累下来的总量也是相当可观的。

> **他说**
>
> 著名财经专家郎咸平也曾举李嘉诚投资的一个案例来解说长期投资。他说："（李嘉诚）在2001年的时候搞了一块地，搞了个上海御翠豪庭。当时的价格还是很便宜的，到2007年才开盘。赚了多少钱？赚了12倍。那么我请问你，一个经理人可以等6年吗？等不了。还有，李嘉诚搞了个3G，1999年投入上百亿美元搞了个3G。亏损连连，每一年亏损百亿港币，最可怕是什么？是2004年亏了375亿港币。到2010年，这个止损了。然后呢？赚钱了。那回报率呢？累计回报率40％。这个做得不错，做这个等了10年。"（引自2013年2月《财经郎眼》）

长期投资在企业中通常是指时间在一年以上的投资，包括股票、债券、房地产等。

客观地讲，有些企业并不是能在短短的一两年之内就能获得相当可观的利润的。包括我们普通的投资人在内，千万不要心急，买进了就赚钱，还能赚不少钱，这样的事情毕竟太少了。俗话说，心急吃不了热豆腐，财不入急门。没有长期投资的心态，不论企业还是个人，都将陷入短视的境地。但是，在进行长期投资时，也要注意投资的对象，不能一概而论。

◎ 借款科目：即将到期的长期借款最危险

一个问题一直在困扰着笔者：我们去买菜，菜3元一斤，5元两斤，买得越多越便宜；可贷款的时候，短期贷款利率要比长期贷款利率低得多。这是为什么呢？按照通常的理解，贷出一大笔长期贷款，银行就可以轻松很长时间，应该在利率上会便宜一些吧？结果却恰恰相反。后来，笔者才发现其中的奥秘：借给别人钱，说好明天还，基本上没什么风险，而他说100年以后还钱，这钱估计再也收不回来了。也就是说，风险在于时间，时间越长，其间不确定的因素越多。

我们可以推广一下，按现有的数据，预测一下某企业明年的利润，大概是可以的，但要预测10年后、30年后的盈利状况，就很难说了。所以，出于对风险的考虑，银行将长期贷款利率定得比短期贷款利率高是合情合理的。

既然如此，那该怎样利用这样的利率差来投资呢？我们可以从A银行借入短期贷款，利率为5%，再按7%的利率借给张三，为期5年。1年以后，要还钱给A银行了，我们再从B银行贷出利率为5%的贷款。这样坚持5年，我们就可以获得其中的利差，而且算得上是无风险获利。

但考虑问题要全面。如果在这5年间，国家出台了货币调控政策，上调短期贷款的利率，当短期贷款利率上升到7%的时候，长、短期贷款的利率就相同了，我们就无法赚得利差了。不仅如此，我们还要承担张三可能还不起钱的风险。因为和银行直接发生借贷关系的是我们，张三是否还得起钱跟银行并没有直接的关系。

说完了长、短期贷款利率相同带来的风险之后，再将其利率不同的结论进行一下拓展。假设现在有一个项目周期很长，但企业手头可以动用的资金并不充裕，这样过不了多久，项目就会由于资金短缺而不得不停工。因为在项目完成之前，它就是一台"吃钱"的机器，只有完工之后才可能盈利。这和用短期贷款来代替长期贷款何其相似。如果企业现金流出现了问题，需要还款给银行，但那个"吃钱"的项目还未完工，之前的钱就白投了，怎么办？

解决好贷款的问题非常重要。贷款的问题解决不好，小可以摧毁一个家庭，大可以摧毁一个企业、一个国家，一定要慎重。所以，我们对企业进行分析时，首先要看它的短期贷款有多少。因为短期贷款是在短时间内一定要还上的，如果还不上，那情况就有些不妙了。

既然短期贷款并不太安全，那我们借长期的好了，长期贷款没有短期还贷的压力。遗憾的是，长期贷款总有一天会变成短期贷款。这是怎么回事？比如，你借了一笔10年期的长期贷款，前九年只付利息好了，那第十年的时候就得全额归还。一年内必须归还的贷款从性质上就变成了短期贷款，但它还不是短期贷款，所以在资产负债表中有"一年内到期的非流动负债"一项，并且归到流动性负债里。

所以，我们看长短期贷款，第一要看性质上是短期贷款的（一年内必须归还的）有多少。按最坏的打算来看，这一年企业不经营或不赚钱的话，现在手头上的现金能不能把欠的钱还上？用不用出售资产还债？

第二要看整体的长期贷款有多少，不论它什么时间到期。这些长期贷款需要用多少年的利润才能还清,如果 3~4 年能还清,还可以接受,这是最低限度。如果需要用 10 年的全部利润才能还清,那买它的股票就得不偿失了。

讲了半天理论,还是拿数据来说话更有说服力。下面我们依然以 A 酒和 B 酒为例进行对比,如表 4.5 所示。

A 酒就不必说了,所有贷款类科目都是零。我们在讲利润表的时候,它的利息费用都为负值了,也就是说,它转而成了利息收入了。再看 B 酒,20×4 年的贷款总额为 30,308 万元,但当年净利润为 240 万元,如果每年都按照这个速度去赚钱的话,需要 126 年才能还清贷款。

表 4.5　A 酒和 B 酒贷款总额及净利润数据

单位:万元

年份	A酒贷款总额	A酒净利润	B酒贷款总额	B净利润
20×9	0	93,456	12,550	9,213
20×8	0	60,193	17,708	4,165
20×7	0	35,499	18,763	3,572
20×6	0	31,461	23,529	3,115
20×5	0	41,521	20,009	1,739
20×4	0	31,766	30,308	240

当然,企业在发展中,不可能每年利润都是 240 万元。还是按照 20×4 年的贷款总额来计算,将 20×4 年到 20×9 年所有的净利润全部相加,累计 6 年的净利润为 22,044 万元,也不够偿还 20×4 年时欠下的欠款。当然,B 酒并非没有进步,它的净利润总额也在不断上升,欠款也会逐渐还完。但投资毕竟是一种逐利行为,所以在 B 酒元气恢复以后,我们再投资它也不迟。

总之,财务状况的薄弱通常不是商业间的各种应收账款可以抵消的。巨额银行债务和即将到期的长期贷款,基本上都是企业倒闭的导火索。

少数股东权益:记在你账下的别人的资产

还记得前面提到的卖冰棍的张三吗?张三的冰棍事业如火如荼,他的表弟王小二非常羡慕,想加入表哥的事业。不过,张三并没有让王小二来帮忙,而是建议他买个冰柜，自己干。王小二委婉地表示，自己只有 200 元，根本买不起。张三说："这样吧，我给你添 1,800 元，加上你那 200 元，买个新冰柜，一起做大事业。"就这样，兄弟俩各开了一家公司。

到了年终，表兄弟俩开始做公司的财务报表。要知道，张三的 1,800 元并不是借给王小二的，而是一项长期股权投资。从王小二公司投资的情况来看，张三投入 1,800 元，占公司总资产的 90%，王小二投入 200 元，占公司总资产的 10%。所以，按照相关规定，王小二公司的财务报表要合并到张三公司的报表上。

不仅如此，虽然王小二是新公司的创始人，但只拥有少数股权。在这样的情况下，他的权益能够得到充分保证吗？这就涉及本节将要重点讲解的内容了——少数股东权益。

本节的标题是"少数股东权益：记在你账下的别人的资产"，这是什么意思呢？我们可以从以下三个方面来理解。

首先，"不是你的"。为什么要这样说呢？因为成立的新公司只有 10% 的股权属于王小二，剩余的 90% 都归他的表哥张三。所以，这 10% 的资产并不属于张三。

其次，"还是你的"。根据我国现行的会计制度，新公司的报表需要合并到张三的公司中，所以这 10% 的资产要记在张三的账下。

最后，"最终还不是你的"。因为这 10% 的资产无论清算也好，年末分红也好，都需要按比例给王小二，所以最终还不是张三的。这就是当今大多数公司的现状。除了有控股或股份较多的大股东之外，也存在不少股份较少的股东。他们的权益同样需要得到保障。所谓少数股东权益，就是指母公司并不占有子公司 100% 的股份，但子公司账面上属于母公司，最后划分产权的时候，划出不属于母公司的那部分。

所以，我们在看利润表的时候，就会发现净利润是由两部分构成的：少数股东权益和母公司普通股的权益。这样一来，无论计算利润表还是资产负债表，要看到真实的数据，都要把少数股东权益去掉。我们主要看这部分少数股东权益最终占公司总资产或总净利润的比例是多少，如果非常大，那就要重新仔细计算一下了；如果非常少，可以将它忽略不计。

规定说

按照新的《企业会计准则第 33 号——合并财务报表》的规定，子公司所有者权益中不属于母公司的份额，应当作为少数股东权益，在合并资产负债表中所有者权益类项目下以"少数股东权益"项目列示。

计算资产负债率：简单的资产结构

现在让我们回到笔者太太经营的网店。在网店经营的众多品牌鞋中，总有几款卖得非常好。所以，为了能在第一时间发货，少量的囤积是相当必要的。现在问题来了，如果每双鞋的成本是100～200元，目前店中有5,000元现金，店主应该留出多少钱用来囤货，又应该留出多少钱来进那些不需囤积的货物呢？如果现金有10,000元呢？这就涉及资产结构的问题了。

为了说清这个问题，我们在前面已经用了9节的篇幅将重要的资产负债类科目进行了说明。现在有必要总结一下，以便大家更系统地了解。其实，资产结构主要体现在资产和负债之间的关系上。关于二者之间的关系，大体包括以下两个方面。

流动比率

简单地理解，能快速变现的资产都是流动资产。而需要快速偿还的负债，都是流动负债。那用什么来偿还负债呢？现金。什么能变现呢？流动资产。所以，流动资产和流动负债之间有着密切的关系。

如果流动资产大于流动负债，那还债就很容易了，除了还债还能有一定的剩余。如果反过来，那就大大地不妙了，得拿非流动资产或者固定资产来还债了。

举个简单的例子。大家还记得歌剧《白毛女》吗？剧中人杨白劳因为还不起高利贷（流动资产不足），不得不用女儿喜儿（非流动资产）抵债。那么杨白劳究竟欠了黄世仁多少钱呢？

我们来为杨白劳算一笔账。杨白劳一共欠黄世仁25块大洋。其中包括每年欠的租子合计22.5块大洋，再加上春天借的六斗谷子加二分半利，合计2.5块大洋。而杨白劳、喜儿和大春一年卖豆腐、砍柴共赚7.5块大洋。杨白劳的流动资产为7.5块大洋，而流动负债为22.5块大洋。两者相差太多，根本还不起。即使不计算复利，三个人还得不吃不喝再干两年多才能还上。利息费用就更不用提了。所以，喜儿的悲剧就不可避免地发生了。

当然，喜儿悲剧的发生同当时不合理的社会制度有直接的关系。现在，我们单从经济角度来考虑，如何才能避免喜儿悲剧的重演呢？这就需要学会计算流动资产和流动负债之间的关系。二者之间的关系表现为：流动比率 = 流动资产 / 流动负债。

流动比率越高，企业的偿债能力越强；流动比率越低，偿债能力就越差。这个临界点通常设置为"1"。也就是说，流动资产大于流动负债的1倍，还债是不存在任何问题的，即使发生了挤兑；如果比率小于1，喜儿的悲剧就可能会重演。

上面分析的都是理论，现在就让我们近距离接触一下上市公司的具体数据，如表4.6所示。

仔细看20×0年的数据，A车集团的流动资产仅比B力集团多出550万元，并且流动负债要比B力集团多2.3亿元。仅仅3年时间，20×3年，它们已经完全不在一个级别上了。

表4.6　A车集团和B力集团流动比率数据（数据引自证监会网站）

年份	A车集团流动资产（万元）	A车集团流动负债（万元）	A车集团流动比率	B力集团流动资产（万元）	B力集团流动负债（万元）	B力集团流动比率
20×9	7,449,195	7,975,707	0.93	12,897	31,860	0.43
20×8	5,597,158	5,512,037	1.02	28,357	51,503	0.55
20×7	433,489	163,366	2.65	32,088	64,359	0.50
20×6	215,733	168,181	1.28	38,728	55,236	0.70
20×5	252,051	188,418	1.34	45,414	55,439	0.85
20×4	159,562	79,827	2.00	45,379	54,151	0.84
20×3	240,271	72,085	3.33	51,593	68,091	0.76
20×2	67,999	26,812	0.78	66,040	67,948	0.97
20×1	55,471	86,466	0.64	68,148	63,970	1.07
20×0	51,979	69,255	0.75	51,429	45,684	1.13

另外，虽然A车集团的流动比率起伏不定，但绝大多数的时间处于1以上的位置。反观B力集团，20×1年以后，流动比率都处于1以下，并且有越来越低的趋势。截至20×9年年底的年报显示，B力集团的流动比率已经达到了0.43。每43元的流动资产中负担着100元的流动负债。

那么是不是流动比率越高，企业的竞争力就越强，反之，企业的竞争力就越弱呢？对此，《巴菲特教你读财报》的作者玛丽·巴菲特和《财报就像一本故事书》的作者刘顺仁分别阐述了各自的观点。

玛丽·巴菲特认为,对于很多具有持续性竞争优势的公司来说,其流动比率常常低于这个神奇的分水岭数字1,穆迪公司、可口可乐公司、宝洁公司、安海斯-布什公司都是其中的代表。

刘顺仁的观点与玛丽类似。他所依靠的是沃尔玛的流动比率数据。在他看来,"由竞争力的角度着眼,能以小于1的流动比率来经营,显示了沃尔玛强大的管理能力"。随后,刘顺仁又对比了戴尔电脑和国内知名电商国美、苏宁,得出的结论是:"阅读财务报表必须有整体性,而且必须了解该公司的营运模式,不宜以单一财务数字或财务比率妄下结论。"

那么玛丽和刘顺仁的见解是否中肯呢?都有一定道理。我们来看一下他们二位所举的例子。其中宝洁、可口可乐、沃尔玛都不是资本输出型企业,穆迪公司是咨询服务类企业,戴尔、国美、苏宁都有快收钱、慢还钱的能力。以上各家企业都是各自领域中的佼佼者,其经营模式有一定的借鉴意义,但目前我们需要知道的是大多数普通企业到底该怎么办才好。这时就需要了解流动比率另一方面的内容了。

表4.7为C酒与A酒的流动比率数据。我们还是通过具体数据来进行说明。

表4.7 C酒和A酒流动比率数据

年份	C酒流动资产(万元)	C酒流动负债(万元)	C酒流动比率	A酒流动资产(万元)	A酒流动负债(万元)	A酒流动比率
20×9	2,782,963	948,072	2.94	401,354	233,044	1.72
20×8	2,030,028	702,819	2.89	283,456	139,619	2.03
20×7	1,565,559	510,806	3.06	197,638	71,645	2.76
20×6	1,224,075	425,077	2.88	157,962	52,795	2.99
20×5	727,150	211,262	3.44	142,693	48,441	2.95
20×4	675,057	339,389	1.99	123,942	45,115	2.75
20×3	601,952	289,520	2.08	92,475	33,759	2.74
20×2	477,264	215,665	2.21	81,930	29,509	2.78
20×1	375,603	148,554	2.53	69,119	23,517	2.94
20×0	299,126	105,556	2.83	63,687	24,067	2.65

由于国情不同,同样性质的企业在国内外的经营模式可能也并不相同。拿我国两家经营得比较出色的名酒企业来说,10年来,C酒和A酒的流动比率多数保

持在 2 以上，而且前者在近几年还稍稍领先。那么我们能说 A 酒经营上出了问题吗？前面我们已经看到了关于 A 酒的众多数据，显然不能这样说。

所以，我们需要得出一个客观的结论：对于经营状况良好、有竞争力的企业而言，流动比率不一定都要小于 1；而流动比率小于 1 的企业，除非极个别特例，绝大部分竞争力都不强。

总资产回报率

赚钱的速度有多快？就得看总资产回报率。你投了多少钱，赚回来多少钱，赚的钱占总资产的比率就是总资产回报率，具体计算公式为：总资产回报率 = 净利润 / 总资产。回报率越高，赚钱的速度越快；回报率越低，赚钱的速度越慢。另外，赚钱的速度慢除了净利润低外，还有可能存在部分资产没有带来收益的情况。也就是说，有些资产属于闲置资产。

同样投入 1 元，为什么有的企业能赚回来 8 毛，有的企业只能赚回来 1 毛？这就是竞争力，就是差距。至于其中的具体情形，让我们来看一下表 4.8 的总资产回报率数据。

表 4.8　A 车集团和 B 力集团总资产回报率数据

年份	A车集团 总资产 （万元）	A车集团 净利润 （万元）	A车集团 总资产 回报率	B力集团 总资产 （万元）	B力集团 净利润 （万元）	B力集团 总资产 回报
20×9	31,863,318	2,022,187	6.35%	57,069	216	0.38%
20×8	22,884,236	1,372,852	6.00%	59,956	358	0.60%
20×7	13,815,836	659,193	4.77%	61,149	630	1.03%
20×6	10,785,665	65,617	0.61%	61,454	458	0.75%
20×5	10,181,549	463,468	4.55%	83,558	1,080	1.29%
20×4	8,642,271	142,492	1.65%	83,087	-9,215	—
20×3	1,459,485	110,462	7.57%	85,936	568	0.66%
20×2	1,399,780	197,809	14.13%	106,346	432	0.41%
20×1	1,209,206	151,681	12.54%	127,471	518	0.41%
20×0	1,070,046	107,044	10.00%	123,223	-4,098	—

按常规的数据来说，制造业的平均资产回报率在5%~10%。所以，从上面的数据来看，A车集团的总资产回报率应当是正常的。但最近10年间，A车集团的总资产回报率呈下滑趋势。窥一斑而知全豹。中国整体制造业在最近10年间都有了下滑的趋势。

当然，中国制造业的下滑同经济发展环境密切相关。一年百分之十几的回报率在房地产泡沫带来的高回报面前几乎没有任何优势。与此同时，中小企业融资的困难程度越来越大，制造业越来越难做，总体资产回报率下滑是必然趋势。A车集团有着规模优势，受到的影响并不明显，反观B力集团，中间断点处都是亏损的年份，并且总资产回报率经常在2%以下。

如果说制造业的总资产回报率低，我们再来看一下酒类企业的总资产回报率。A酒在酒类企业中也算是排名靠前的了，它的总资产回报率也没有超过20%。也许你会觉得这很少。

事实上，这种回报率已经难能可贵。只要你了解了当今众多国际知名品牌的总资产回报率就会明白了。在众多品牌中，可口可乐的资产回报率为12%，宝洁公司为7%，烟草大鳄奥驰亚集团为24%……就算是被大家奉为"股神"的巴菲特，他的伯克希尔·哈撒韦公司总资产回报率也只有21%。

所以，投入一定的资金就会在一年之后得到几倍甚至几十倍回报的想法只是梦想，不是理想。投资必须理性。当然，除了总资产回报率之外，我们还可以计算流动资产回报率、长期资产回报率、固定资产回报率等。通过这些计算，对于哪部分资产赚得钱多、哪部分资产赚得钱少的问题，就会了然于胸。

优先股：你知道有一种股权是负债吗

张三开始创业的时候，和他的表弟王小二一样，也存在资金不足的问题。但由于他多年在外，积累了一定的人脉，大家都给他投资，让他去卖冰棍。投资的人主要分为两类。

第一类人说："你买冰柜需要2,000元吧？把它分成2,000股，每股只值1元，我给你10元1股，但有个条件：不管你每天卖多少冰棍，只要赚的钱多于50元，这50元就是我的，其余的都归你。哪怕以后你一天可以赚1万元，我也只要50元。要是你每天只能赚51元，我也不管，还得先给我50元。如果你哪天不做生意了，要清算资产了，也要按比例先给我分钱。"

对此，张三表示同意，但他也有一个条件："既然什么事都由着你先来，那为了平衡，我怎么卖冰棍、什么时候卖、卖什么样的冰棍，你都不能插手。也就是说，所有的日常工作你都不能干涉。你能做到这一点吗？"第一类投资人表示完全同意。

相比之下，第二类投资人的做法就简单多了。他们投资张三的冰棍生意就是按照 1 元 1 股的标准，如果赚得多就多分一些，如果赚得少就少分一些，如果没赚钱就不分红。

两类投资人的投资方式不同，其在企业发展的过程中所起的作用也有很大差别。其中第一类投资被称为"优先股"，第二类投资被称为"普通股"。

优先股就是在每次赚钱以后都要先分给投资者，并且分多少都是事先确定好了的。从这个角度来看，它更像一种负债，虽然永远不用归还本金，却一直都要付给投资人利息，并且这利息似乎要高于银行贷款的利息。既然如此，那为什么还要发行优先股呢？还是那个原因，因为永远不用归还本金呀！而且只需要付出比银行稍微高一点的利息就能顺利拿到发展基金，这对于经营初期且缺乏资金的企业来说，确实是一个不错的选择。

虽然优先股在性质上与负债极其相似，但是来自银行的贷款每年交利息的时候，是要从当期利润里面扣除的（这一点在第 3 章有详细的论述）。利润总额减掉利息费用后，金额就会变少；金额变少了之后，相应地，所得税就会少交一点。而优先股是所有者权益的组成部分，虽然像负债一样固定支出，但它要算到利润总额中，是要计算所得税的。

在企业发展的初期，有优先股的身影这很正常，永远不用归还的贷款是相当诱人的。但是，在企业发展到一定规模以后，若还没有赎回优先股，它就变成了一种负担。企业资金不再短缺了，财务状况也没有当初那么形势逼人了，每年再支出高额的股利，那就太不划算了。

● 账面价值、清算价值：最坏的准备

资产负债表是四大报表中唯一的平衡表。什么叫平衡表？就是左侧的资产和右侧的负债、所有者权益的总和必须是相等的。如果深究下去，想要知道出现这种情况的原因，就必须说一下现代会计制度中的复式记账法。

第 4 章
资产负债表，会计报表中唯一的平衡表

举个简单的例子。某天，家里花 50 元现金买了一口锅，我们通常会在家庭账簿上记：支出 50 元。至于锅呢？锅就不管了。很多时候，除非是买房、买车，也就是在买大家口中的"大件"时，大家才会注意到现金流出，固定资产增加了。如果买的是非常小的东西，它们常常会被忽略。

那么股份制企业呢？它是拿大家的钱来做生意的，因此每一分钱的出入都要记得清清楚楚。比如这口锅是股份制企业买的，会计就会在"支出"一栏记上"50 元"，同时在"固定资产"一栏增加"50 元"。这样才是账目平衡。

另外，资产负债表还涉及一个恒等式，即总资产 = 负债 + 所有者权益（净资产）。现在，我们可以将恒等式变化一下，即所有者权益（净资产）= 总资产 − 负债。从这个恒等式中，企业有多少资产、多少负债、多少净资产，一目了然。

下面，我们还以做冰棍生意的张三为例。张三需要 2,000 元买冰柜，他手头只有 300 元现金，剩下的 1,700 元都需要向亲友们筹集。于是，张三公司的资产负债表就可以这样表示：总资产 2,000 元 = 负债 0 元 + 所有者权益 2,000 元。买完冰柜之后，张三从冰棍厂赊销了价值 200 元的冰棍，现在再来看他的资产负债表：总资产 2,200 元 = 负债 200 元 + 所有者权益 2,000 元。卖了几天，赚了 1,000 元，和冰棍厂结完账之后，资产负债表变为：总资产 3,000 元 = 负债 0 元 + 所有者权益 3,000 元。

接着，张三发现生意越来越好了，一台冰柜根本不够用，必须扩大经营。鉴于前一次已经请亲友们帮忙了，这次他决定向银行贷款 1,000 元再买一台冰柜。此时，资产负债表为：总资产 4,000 元 = 负债 1,000 元 + 所有者权益 3,000 元。由于是夏天，没用几天，张三就赚了 500 元。此时，总资产 4,500 元 = 负债 1,000 元 + 所有者权益 3,500 元。同初期经营时的青黄不接相比，现在已经有了余钱，暂时不想扩大经营了，只是每天还得付银行利息。还是先还 500 元吧。这时，总资产 4,000 元 = 负债 500 元 + 所有者权益 3,500 元。

通过上面的例子，我们大致上能了解到复式记账的方法和资产负债表为什么是平衡表了。既然知道了总资产，知道了负债，基本就可以计算出企业的账面价值了，可以简单理解成企业的净资产。比如，我兜里只有 100 元，其中包括借来的 38 元，那我的净资产就是 62 元，也可以说我的账面价值就是 62 元。

至于账面价值的计算方法，格雷厄姆给出了两种算法。

公式说

账面价值 = 普通股价值 + 盈余项目 − 无形资产价值账面价值

= 有形资产 - 所有优先级别高于普通股的负债

而根据《巴菲特教你读财报》中给出的算法，无形资产是不能计入账面价值的。其实，所谓无形资产不能计入账面价值，是因为企业自身无法进行无形资产的评估。

既然如此，我们就可以在没有标榜自己有无形资产的情况下，直接用总资产减掉负债（包括优先股），就可以得出企业的账面价值了。负债占总资产的比例越高，企业的账面价值就越低。优先股占的份额越多，企业的账面价值也越低。

既然计算出了企业的账面价值，我们就能计算出每股账面价值，即每股净资产。

公式说

每股账面价值 =（股东权益总额 - 优先股权益）/ 发行在外的普通股股数

相对于账面价值来说，就是每股市场价值。每天在股票市场上的报价就是市场价值了。下面就让我们比较一下企业的每股账面价值和每股市场价格，如表4.9所示。

表4.9　A酒每股账面价值和每股市场价格数据

年份	账面价值（万元）	发行在外股数（万股）	每股账面价值（元）	每股市场价格（元）
20×9	258,131	43,292	5.96	63.14
20×8	205,962	43,292	4.76	68.53
20×7	179,215	43,292	4.14	42.93
20×6	158,741	17,328	9.16	10.85
20×5	140,207	15,164	9.25	36.80
20×4	120,581	10,199	11.82	30.99
20×3	99,699	7,668	13.00	8.03
20×2	90,903	7,668	11.85	6.00
20×1	83,552	7,668	10.90	6.62
20×0	78,701	7,668	10.26	6.11

如果企业的账面价值高于市场价格，说明大家并不看好它。如果我们将所有人都假设为纯粹理性的人，大家给你的价格低于你自身真实的价值，肯定是有道

理的,但这只能是假设。这一点从表 4.9 中就可以找到证据。20×9 年,A 酒每股账面价值仅仅 5.96 元,市场上却开出了 63.14 元的高价,竟然比账面价值高出 10 多倍!

到底账面价值和市场价格之间的比值在什么范围内波动才算是正常的?这真是一个很难量化的问题。财报分析首先要定性,其次才是定量。要先看它是什么样的企业,它的盈利模式如何、市场如何、成本如何等。知道了这些相关指标,再给它定量,我们才能从大体上估算企业明年的利润增长率。

他说

格雷厄姆说:"股票购买者如果有一点理性的话,至少应可以告诉自己:第一,他实际上是以什么价值在购买该公司股票?第二,他所花的钱实际上能折合成多少有形资源?因此,我们已经提出了强烈建议,即买方应明了自己做法的意义是什么,并且从心里承认自己是在理智行事,除此之外,我们认为没有任何规则可以合理地规定账面价值与市场价格的关系。"

诚然,通过上面给出的恒等式,我们可以计算出企业的账面价值,但那只是在正常情况下的计算。此外,我们还需要计算一下企业的清算价值。这是在企业最坏情况下的打算。如果市场价格一直低于企业的清算价值的话,那么是否意味着停止经营把企业清算出去会更加划算呢?

对于这个问题,身为股东的我们一定要清楚:当市场价格低于清算价值时,对于是清算还是继续经营,不能指望高管或其他人做出相对正确的决定,而要谨慎,不可贸然行事。那到底清算价值是如何计算的呢?就是最大限度地进行折价。具体请看表 4.10。

表 4.10 清算价值核算建议

项目	占账面价值百分比
现金	100%
国债	100%
应收账款(减坏账准备金)	80%
存货(按成本价和市场价的最低值计算)	50%
以上项目相加得出流动资产总额	
减去流动负债	

（续表）

项目	占账面价值百分比
得出净流动资产值	
工厂固定设备账户	20%
减折旧	20%
得出工厂固定设备账户净值	
子公司投资额	20%
递延费用	20%
商誉	20%
普通股净资产总额	

现金和国债就不用说了，没有跌价的风险。流动资产折价 80%，而非流动资产只有原来的 20%。我们把非流动资产 20% 的折价加到流动资产中，大致就是流动资产的全值。所以，我们也可以简单地理解成，清算价值约等于流动资产价值。

市场价格低于清算价值是一种不合理的现象。如果市场价格低于清算价值，那就说明清算比继续经营更划算，清算才是对股东最有利的；如果企业继续经营更有利，那就必须使市场价格高于清算价值。

当然，如果某家企业的市场价格低于清算价值，也意味着可以以极低的价格买进这些资产。但是，这里面有一个问题：如果真的被低估了，趁机买进当然是一笔相当划算的交易；可要是确实没有任何盈利能力了，买进的就是垃圾股了。

所有者权益变动表

最初，表现企业财务情况的仅仅有两个表：利润表和资产负债表。所以，我们会发现格雷厄姆的书中从来只讲这两张表。后来，随着财务制度的发展，为了衡量企业现金的存量和留量，现金流量表才随之出现。本节所要介绍的所有者权益变动表，其出现的时间则比现金流量表还要晚。

虽然名称看起来比较新，但所有者权益变动表实际上就是将资产负债表中的所有者权益项放大，变得更加详细而已。下面就让我们先看一下所有者权益变动表全表，如表 4.11 所示。

表 4.11　所有者权益变动表

项目	实收资本（股本）	资本公积	减：库存股	盈余公积	未分配利润	所有者权益合作
一、上年年末余额						
加：会计政策变更						
前期差错更正						
二、本年年初余额						
三、本年增减变动金额（减少以"-"号填列）						
（一）净利润						
（二）直接计入所有者权益的利得和损失						
1. 可供出售金融资产公允价值变动净额						
2. 权益法下被投资单位其他所有者权益变动的影响						
3. 与计入所有者权益项目相关的所得税影响						
4. 其他						
上述（一）和（二）小计						
（三）所有者投入和减少资本						
1. 所有者投入资本						
2. 股份支付计入所有者权益的金额						
3. 其他						
（四）利润分配						
1. 提取盈余公积						
2. 对所有者（或股东）的分配						
3. 其他						
（五）所有者权益内部结转						
1. 资本公积转增资本（或股本）						
2. 盈余公积转增资本（或股本）						
3. 盈余公积弥补亏损						
4. 其他						
四、本年年末余额						

这张所有者权益变动表分为四个大项和若干个小项。如果要对它进行详细的讲解，恐怕用一本书的篇幅也很难讲到位，而且那样对于我们这些分析企业财务

报表的投资者来说，作用不大。所以，从实际需要出发，我们只需要了解一下表头的几项内容就可以了。

举个简单的例子。王二、张三、李四三人共同出资成立了一家公司。开始的时候，王二投资 200 元，张三投资 500 元，李四投资 800 元。三人资金加起来共 1,500 元。这 1,500 元就是公司的实收资本，也叫作股本。实收资本是公司的原始资本。如果公司上市了，按照每股面值 1 元、共发行 1,500 股的标准，发行价大都会高于账面价值。它可能是 5 元/股，也可能是 20 元/股。

比如上文提到了 A 油的股价，它的票面价值就是每股 1 元，而发行价就是 16.7 元。假设这家合资公司的 1,500 股股票以每股 11 元的价格发行，那每股多出来的 10 元就是资本溢价，其溢价总额就是 1.5 万元。而这 1.5 万元就成为资本公积。

同样，如果企业赚钱了，要从净利润中提取一部分钱出来，当作盈余公积。盈余公积有什么用呢？第一，如果以后亏损了，亏损的部分可以用盈余公积来填补。第二，可以转化为企业的资本，但是剩余的盈余公积的数额不得少于注册资本的 1/4。第三，如果企业在亏损的年份还要发放股利的话，可以用盈余公积来发放。

但是，要实现亏损年份发放股利必须同时满足几个条件：首先，用盈余公积弥补亏损后，该项公积金仍有结余；其次，用盈余公积分配股利时，股利率不得超过股票面值的 6%；最后，分配股利后，法定盈余公积不得低于注册资本的 25%。

在做完所有的分配以后，如果还有余钱，就是未分配利润了。未分配利润按字面的理解，就是没有分配出去的利润。我们需要将这笔钱转入资产负债表。它是所有者权益的组成部分。

由于我国的库存股和优先股并没有像国债那样普及，目前来说，大可忽略不计。所有者权益就是净资产。用总资产减去总负债，得出数额是多少，就表示股东拥有多少净资产。

第 5 章
深入资产负债表的核心，将资产和负债彻底看清

资产负债表是反映企业在某一特定日期（如月末、季末、年末）的全部资产、负债和所有者权益情况的会计报表。通过资产负债表，我们可以了解企业的资产情况和核心竞争力所在。

你究竟拥有多少资产，看资产负债表才知道

你到底拥有多少财产（或者说资产）？按照通常理解，你可能会这样表述：我有一套价值 100 万元的房子、一辆价值 30 万元的车子，有 200 万元存款，房子里的家电大概能值 20 万元……在这里，"你有多少资产"的概念，表达的是你拥有多少资产，这些产权都是你的，才能理解为它们是你的。

当然，针对这个问题，还会有不同的答案。比如，有人就会说："我有一台笔记本电脑、一部手机，折合成市价大概共值 5,000 元，兜里还有 89 元现金，其中 50 元是我借的。"按照通常理解，我们会认为，此人拥有的总资产为 5,039 元，即笔记本、手机价值的 5,000 元加上现金 89 元，再减去借的 50 元。因为这 50 元是借的，所以不能算成他的财产。

遗憾的是，这种算法并不符合我国现行的会计制度。在会计制度中，无论你有没有产权，只要是在你手里的，就都是你的资产。所以，此人拥有的总资产是 5,089 元，而非 5,039 元。

既然如此，那么借来的 50 元又有什么意义呢？为了解决这个问题，资产负债表里用另外一组概念来区分：负债和所有者权益。我们平时所说的拥有多少总资产，其实说的是会计制度里的"所有者权益"。明白了这一点，我们再来区分一下，总资产 = 负债 + 所有者权益，负债 50 元，所有者权益 5,039 元，共为 5,089 元。这是恒等式，必须相等，如果不相等，一定是哪一项数据算错了。资产负债表具体如表 5.1 所示。

表 5.1 资产负债表

单位：元

资产	期末余额	负债和所有者权益	期末余额
现金	89	负债	50
笔记本	3,000	负债合计	50
手机	2,000	所有者权益合计	5,039
资产总计	5,089	负债和所有者权益总计	5,089

这是最简单的资产负债表。每个企业或个人都会有比这更详细而复杂的资产负债表。特别是企业，想要经营起来，需要各种各样的准备，任何一项都需要花钱，花了钱就必须做出清晰的账目。

第 5 章
深入资产负债表的核心,将资产和负债彻底看清

资产负债表和利润表并不相同。利润表计算得出的净利润可以多,也可以少,资产负债表计算的则是企业某一时刻的定量。就在这一刻,企业的总资产是多少,负债和所有者权益是多少,必须是平衡的。这就是存量和流量的区别。资产负债表有很多种科目,下面我们就逐项来解释。先看表5.2,它是最规范的资产负债表。

表 5.2 规范的资产负债表

资产	期初余额	期末余额	负债和所有者权益	期初权益	期末权益
流动资产:			流动负债:		
货币资金			短期借款		
交易性金融资产			交易性金融负债		
应收票据			应付票据		
应收账款			应付账款		
预付款项			预收款项		
应收利息			应付职工薪酬		
应收股利			应交税费		
其他应收款			应付利息		
存货			应付股利		
一年内到期的非流动资产			其他应付款		
其他流动资产			一年内到期的非流动负债		
流动资产合计			其他流动负债		
非流动资产:			流动负债合计		
可供出售金融资产			非流动负债:		
持有至到期投资			长期借款		
长期应收款			应付债券		
长期股权投资			长期应付款		
投资性房地产			专项应付款		
固定资产			预计负债		
在建工程			递延所得税负债		
工程物资			其他非流动负债		
固定资产清理			非流动负债合计		
生产性生物资产			负债合计		
油气资产			所有者权益:		
无形资产			实收资本		
开发支出			资本公积		

(续表)

资产	期初余额	期末余额	负债和所有者权益	期初权益	期末权益
商誉			减：库存股		
长期待摊费用			盈余公积		
递延所得税资产			未分配利润		
其他非流动资产			所有者权益合计		
非流动资产合计					
资产总计			负债和所有者权益总计		

粗粗看来，完整规范的资产负债表的项目有五六十项之多。要想把所有的科目都理清一遍，确实是一项大工程。不过，在具体操作中，我们并不需要每一项都细细解读。比如，你想买中国石油的股票吗？如果不想，大可不必理会"油气资产"这一项。

有些企业的资产负债表很简单，因为它们的经营模式很单一，但不代表单一就不具备竞争力，比如贵州茅台和山西汾酒。有些企业资产负债表很复杂，各项都有，那也没问题，只是我们不能被淹没在海量数据之中，只要找出一两处或者三四处最大的数额来分析就可以了。下面就让我们以 A 车集团的相关数据为例来分析一下资产负债表，如表 5.3 所示。

表 5.3　A 车集团 20×× 年年报资产负债表

单位：万元

资产	期初余额	期末余额	负债和所有者权益	期初权益	期末权益
流动资产：			流动负债：		
货币资金	7,176,721	7,215,857	短期借款	775,071	585,925
交易性金融资产	198,704	75,904	吸收存款及同业存放	1,728,675	1,842,451
应收票据	3,182,570	4,014,926	拆入资金	23,000	300,000
应收账款	1,061,050	1,197,041	交易性金融负债	6,106	426
预付款项	1,348,725	1,274,798	应付票据	397,466	502,440
应收利息	13,476	5,048	应付账款	6,365,412	7,321,034
应收股利	1,848	28,421	预收款项	1,684,703	1,768,315
其他应收款	131,125	131,258	卖出回购金融资产款	156,000	116,500
存货	2,387,014	2,925,688	应付职工薪酬	393,002	505,513
一年内到期的非流动资产	216,688	476,963	应交税费	487,155	282,606
其他流动资产	1,876,772	1,777,392	应付利息	5,227	7,727

（续表）

资产	期初余额	期末余额	负债和所有者权益	期初权益	期末权益
流动资产合计	17,384,693	19,123,296	应付股利	569,265	624,719
非流动资产：			其他应付款	1,499,885	1,759,666
发放贷款及垫款	251,638	499,106	一年内到期的非流动负债	536,154	569,038
可供出售金融资产	1,850,792	1,397,107	其他流动负债	46,121	64,919
长期应收款	78,486	149,393	流动负债合计	14,893,241	16,251,280
长期股权投资	2,635,504	3,125,333	非流动负债：		
投资性房地产	254,945	291,764	长期借款	314,093	186,349
固定资产	3,440,253	3,669,155	应付债券	551,658	576,729
在建工程	561,318	882,960	长期应付款	3,678	3,471
无形资产	721,614	819,207	预计负债	359,668	401,869
开发支出	102,532	59,175	递延所得税负债	122,807	107,246
商誉	53,941	61,098	专项应付款	216,586	249,584
长期待摊费用	54,071	86,865	其他非流动负债	691,457	775,159
递延所得税资产	714,770	823,160	非流动负债合计	2,259,946	2,300,406
其他非流动资产	189,903	875,699	负债合计	17,153,187	18,551,686
非流动资产合计	10,909,767	12,740,022	所有者权益：		
			股本	924,242	1,102,557
			资本公积	4,681,459	4,217,250
			外币报表折算差额	（431）	13,970
			盈余公积	668,601	980,405
			未分配利润	2,417,578	3,922,050
			归属于母公司股东权益合计	8,691,449	10,236,231
			少数股东权益	2,659,824	3,075,400
			所有者权益合计	11,351,273	13,311,632
资产总计	28,504,460	31,863,318	负债和所有者权益总计	28,504,460	31,863,318

从表5.3中，我们不难看出，同期初相比，A车集团的总资产增加了3,358,858万元，同比增长了11.8%。负债增加1,398,499万元，同比增长8.2%。应付账款是其增长的重要因素。而所有者权益增长1,960,359万元，同比增长17.3%。这表明，A车集团的运营情况良好，投资时可以选择买进其股票。

流动性与非流动性：哪种变现速度更快

资产负债表，顾名思义，主要由资产和负债两大类组成。相应地，资产和负债也各有分类。其中，资产可以分为流动资产和非流动资产，而负债常分为流动负债和非流动负债。虽然分类不同，但流动性和非流动性是资产和负债共同的特征。那么什么是流动性，什么又是非流动性呢？这就需要从资产负债表的编制谈起了。

根据惯例，资产和负债的流动性与非流动性的界定是和资金周转快慢联系在一起的。越是可以快速周转流动的，在编制资产负债表时就越靠前；周转流动性越差的，排的位置就越靠后。由于资金只有周转起来、流动起来，才能运营起来。所以，编制越靠前的，可以说是越重要。

拿资产来说，所谓流动性资产，就是可以以最快速度变现的资产。货币现金就不用说了，它本来就是现金。交易性金融资产排在第二位，因为要把这部分资产在二级市场上卖掉以后才能变现，比现金多了一个步骤，所以排在现金后面。排在第三、第四位的依次是应收票据和应收账款。无论应收票据还是应收账款，都是别人欠我们的钱，能够到期回收就是现金，但能不能到期收账，存在一定的不确定性，所以二者要排在交易性金融资产的后面。后面其他各项以此类推。

非流动性资产则是变现速度较慢的资产。就拿发放贷款及垫款来说，让它们一步到位几乎是不可能的。因为从发放到投入使用要经历申请、审批、到账等多个过程。又如无形资产和商誉，它们都是看不见摸不着的，需要根据企业的经营情况进行评判。

拿负债来说，它是以还款期限来排序的，短期内要偿还的，就排在前面，流动性负债和非流动性负债的区别就在于，前者是要在短期内偿还的，后者的偿还期则要长得多。比如，我明天要还张三1元，后天还李四0.5元。因为明天是离现在最近的，所以还给张三的欠款排第一，还给李四的排第二。至于长期借款，时间为5年或10年的，就排得更靠后一些。

用流动性的强弱来编制资产负债表是国际惯例。当然，按照字母或笔画顺序来排序也不是不可以。只是需要注意，不论按照哪种顺序排序，都要体现出分类的意义和重要性。

第 5 章
深入资产负债表的核心，将资产和负债彻底看清

与钱直接相关的科目

在资产负债表中，都有哪些科目是与钱直接相关的呢？这些项目包括货币资金、短期借款、长期借款、非流动负债和预计负债。为什么说它们是与钱直接相关的科目呢？下面就让我们来——分析。

不过，在此之前，我们必须先明确一件事情。那就是会计制度里的现金与我们平常认为的现金是不一样的。按照平常的理解，问你有多少现金，就是指你手头立刻可以用于支付的现钞有多少。而会计制度中的现金包含的范围要广泛得多。它不仅包括钱包里的现金、放在家里的现金，还包括银行存款。所以，会计制度中的现金的正确称谓应该是"货币资金"。

也许你会问，外币可以算货币现金吗？当然可以。英镑、美元、欧元都行。不仅如此，企业还有另外一种货币现金的存在形式，它主要包括外埠存款、银行汇票存款、银行本票存款、信用证保证金存款、信用卡存款和存储投资款。

从表 5.4 中，我们可以看到 A 车集团货币资金的详细内容，不难看出，A 车集团的外汇储备有美元、英镑、日元、港元等。它在该年年末的货币资金总量为 721.58 亿元，占总资产的 22.65%。每 100 元资产中就有 22.65 元的现金，这表明 A 车集团的现金储备量还是很充裕的。需要注意的是，存在银行里的钱，有些是能随意使用的，有些则不能，还得再看它的注释，如表 5.5 所示。

表 5.5 忠实地反映了 A 车集团银行存款账户的情况。这个账户中有各种质押金，还有一些限定性的存款，可以直接调配的货币资金近 600 亿元，占总资产的比重约为 18.83%。从总体上来说，可以调用的资金量还是很充裕的。

说完了货币资金，再来看短期借款。所谓短期借款，通常是指一年以内必须归还的债务。如果短期借款多的话，就会对企业当年的财务造成很大的负担。比如一个人为了发展企业借了 100 元短期贷款，可他今年一年才赚了 120 元，而这 100 元必须在今年还清。所以，企业今年赚的大部分钱都还给银行了。这样的情况还好些。如果他今年赚的钱不到 100 元，那企业很快就会破产清算了。

为了更好地说明这一问题，让我们来看一下表 5.6。

表 5.6 是 A 车集团短期借款的数据。从中不难看出，A 车集团的短期借款占总资产的 1.84%，已经非常少了。但有竞争力的企业完全可以凭借自身内部的资金来发展扩大，根本不需要借款。所以，短期借款少也不是说它就一定好，还需要借鉴其他因素，比如说长期借款。

表5.4 A车集团20××年年报货币现金详细资料

项目	年末数			年初数		
	外币金额	折算汇率	人民币(元)	外币金额	折算汇率	人民币(元)
现金:						
人民币			7,377,173.37			7,692,407.21
其他币种			529,229.98			753,645.85
小计			7,906,403.35			8,446,053.06
银行存款:						
人民币			59,195,967,938.61			59,334,109,947.88
美元	275,535,836.56	6.3009	1,736,123,752.58	271,171,822.02	6.6227	1,795,889,625.69
英镑	7,215,601.04	9.7116	70,075,031.06	15,553,933.40	10.2182	158,933,202.27
欧元	21,844,032.58	8.1625	178,301,915.93	19,441,543.63	8.8065	171,211,953.98
日元	970,969,145.01	0.0811	78,745,597.66	1,133,578,499.50	0.0813	92,159,932.01
港元	115,047,989.72	0.8107	93,269,405.27	9,662,400.92	0.8509	8,221,736.94
其他币种			10,190,036.26			18,236,133.48
小计			61,362,673,677.37			61,578,762,532.25
其他货币资金:						
人民币			10,787,942,743.54			9,175,839,225.49
美元	6,470.98	6.3009	40,773.00	630,100.00	6.6227	4,172,963.27
欧元	282.43	8.1625	2,305.33			—
小计			10,787,985,821.87			9,180,012,188.76
合计			72,158,565,902.59			70,767,220,774.07

表 5.5　A 车集团 20×× 年年报现金货币详细资料

单位：元

项目	年末数	年初数
银行存款：		
银行承兑汇票质押金	1,783,203,593.18	1,026,435,277.74
信用证质押金等	164,680,513.27	28,163,315.56
借款质押金	155,633,410.33	46,613,146.91
其他	11,002,106.30	—
其他货币资金：		
财务公司存放中央银行的限定性存款（注）	10,261,762,601.90	8,878,155,011.78
银行汇票存款	254,681,224.88	217,738,108.19
投资账户保证金	—	2,217,493.61
其他	324,578.95	8,143,325.22
合计	12,631,288,028.81	10,207,465,679.01

表 5.6　A 车集团 20×× 年年报短期借款详细资料

单位：元

项目	年末数	年初数
信用借款（注1）	4,768,121,237.05	3,561,952,551.21
质押借款（注2）	961,481,257.39	3,693,222,456.32
抵押借款（注3）	95,650,000.00	443,900,000.00
保证借款（注4）	34,000,000.00	51,634,500.00
合计	5,859,252,494.44	7,750,709,507.53

长期借款是相对于短期借款的科目，你可以理解成除短期借款以外，其他的基本都是长期借款。长期借款是指期限在一年以上的借款。表 5.7 为 A 车集团长期借款数据。

表 5.7　A 车集团 20×× 年年报长期借款详细资料

单位：元

项目	年末数	年初数
信用借款	3,197,519,804.45	2,469,522,503.47
保证借款（注1）	227,083,680.58	207,547,699.28

（续表）

项目	年末数	年初数
抵押借款（注2）	434,365,999.92	665,712,975.58
质押借款（注3）	533,020,000.00	—
小计	4,391,989,484.95	3,342,783,178.33
减：一年内到期的长期借款[附注（六）37]	2,528,503,139.31	201,856,836.85
一年后到期的长期借款	1,863,486,345.64	3,140,926,341.48

表5.7中显示了两类长期借款：一年内到期的长期借款和一年后到期的长期借款。其实，二者都已经不再是真正意义上的长期借款了。因为无论之前约定的时间是几年，在最后一年的时候，都需要将本息全部还清。如果前几年还的只是利息，那么最后一年的压力就会变得很大。

一年内到期的长期借款还是一年内到期的非流动负债项目的组成部分。此外，后者还包含其他快到期的长期应付款和应付债券等。表5.8为A车集团一年内到期的非流动负债数据。

表5.8　A车集团20××年年报一年内到期的非流动负债详细资料

单位：元

项目	年末数	年初数
一年内到期的预计负债	3,154,749,364.35	3,153,282,428.44
一年内到期的预计借款	2,528,503,139.31	201,856,836.85
一年内到期的其他非流动负债	4,605,970.13	4,067,999.76
一年内到期的长期应付款	2,522,424.82	2,332,645.02
一年内到期的应付债券	—	2,000,000,000.00
合计	5,690,380,898.61	5,361,539,910.07

表5.8中列举了各种长期负债的数据，其中有一项特别有意思，被称为预计负债。负债还有预计的吗？可能我明天要欠你的钱，是这样吗？还真有这么一回事。预计欠款指的是一种可能性。比如，要打一场官司，可能要输，可能会赔给别人30万元，就要提前预备出这部分钱。

以上就是和钱密切相关的众多科目。了解这一点之后，我们就可以循着相关线索摸清企业资金运转的来龙去脉，从而为自己的投资打下坚实的基础。

那些没有用于经营的钱去哪儿了

企业的资产众多,有些直接用于经营活动了,那么那些多余的钱呢?为了不使它们闲置,购买诸如黄金、有价证券等金融资产是非常有必要的。当然,闲置的资金也可以用来进行短期的融资行为。融资过程中常会出现负债,这种负债被称为"金融负债"。不过,金融资产也好,金融负债也好,它们本质上都是为了盘活企业。

为了更好地进行统计,我们需要将二者的范围做一下说明。金融资产和金融性负债包括交易性金融资产、可供出售金融资产、交易性金融负债和应付债券等。什么是交易性金融资产呢?你买股票了吗?买基金了吗?投资债券了吗?如果你购买了这些理财产品或金融衍生品,那么你的总资产里的这一部分,将被划归为交易性金融资产。但投资这些理财产品必须有一个前提,那就是以短期获利为目的。

交易性金融资产最主要的特点就是投机性。如果你说我就是来投资的,没打算短期内出手,那是股权投资,和这个是两回事。比如,我利用自己企业的产品在商品期货市场上进行套期保值交易,这部分资产就是真正的交易性金融资产。

正因为交易性金融资产带着浓厚的投机色彩,且投机本身就带着非常大的风险,所以企业的这部分资产不宜过多。一家企业如果拥有规模庞大的交易性金融资产,那它的经营就会受到许多不确定因素的影响。

表5.9本身就是对A车集团交易性金融资产的注释。有意思的是,这个注释表中还有注释。"注1"为下属×公司持有的远期外汇合约,这表明此笔资金已经用来炒外汇了,因为A车集团有跨国业务。"注2"为卖出回购交易项下质押物,这说明企业已经在二级市场做了回购交易。A车集团可交易金融资产占总资产的0.24%。这个数值在可以接受的范围,也是正常经营的需要。

表5.9 A车集团20××年年报交易性金融资产详细资料

单位:元

项目	年末公允价值	年初公允价值
开放式基金	634,266,092.55	758,736,822.44
衍生金融资产(注1)	2,963,696.04	112,098,433.07
交易性权益工具投资	15,576,103.90	17,083,447.60

(续)

项目	年末公允价值	年初公允价值
交易性债券投资（注2）	98,631,900.00	—
指定以以公允价值计量且其变动计入当期损益的金融资产	—	1,089,178,998.53
其他	7,600,000.00	9,944,392.02
合计	759,037,792.49	1,987,042,093.66

注1：系下属×公司持有的远期外汇合约。

注2：已作为卖出回购交易项下质押物，参见附注（六）32。

另外，还有一个与交易性金融资产相类似的概念，这个概念就是可供出售金融资产。光从字面意思来理解，二者看起来几乎没有差别，实际上却并非如此。二者的不同点主要集中在以下几个方面。

首先，它们的持有目的不同。交易性金融资产就是要在短期内获利。要是没有这个属性，就要把这部分金融资产划归到可供出售金融资产中了。因为后者什么时候出售，是长期还是短期，都不确定，全看企业的战略意图。

其次，它们的归属范围不同。交易性金融资产属于当年或当期的投资行为，无论赚了还是亏了，都需要计算到利润表中。赚了，利润就增加；亏了，利润就减少。而购买可供出售交易金融资产所花的钱，由于不一定在当期就平仓了结，所以常会被当作一种投资成本。

最后，它们在会计制度上的处理不同。因为这点不同对于分析财务报表来说并没有太大的影响，所以不展开解释。

说完交易性金融资产，再来看交易性金融负债。让我们一起看一下表5.10。

表5.10　A车集团20××年年报交易性金融负债详细资料

单位：元

项目	年末公允价值	年初公允价值
衍生金融负债（注1）	4,263,656.99	61,058,097.54

表1：系下属×公司持有的远期外汇合约。

表5.10为A车集团交易性金融负债数据的一部分。有意思的是，表下方还有一个注释，标明"衍生金融负债"是下属×公司持有的远期外汇合约。这一注释充分表明，远期外汇在A车集团当年的融资行动中发挥了一定的作用。另外，从年初的61,058,097.54元到年末的4,263,656.99元，更进一步说明了A车集团的

盈利能力非常强，当年就还上了欠款的93%。

既然交易性金融负债是一项负债，也就是欠别人的钱，为什么不把它放在短期借款或长期借款中呢？因为它不是从银行借来的。向银行借钱，我们是被动的，"银行，请借我一些钱吧"；而通过发行企业债券等方式进行融资是主动的，"我要借钱了，谁想借给我快点来"。更主要的是，有些债券是可以转为普通股的，也就是债权转股权，所以不能和其他借款混在一起。

各种让人烦恼的应收和应付

除去上述几节提到的，资产负债表中还有一大堆应收和应付的项目，比如应收票据、应收账款、应付职工薪酬、应付债券等。虽然项目多了让人手忙脚乱，但除了性质上的应收和应付不同，它们涉及的领域大体上是相似的。现在先让我们来了解应收项目。

按照惯例，还是事例先行。比如，你开了一家小超市。你的邻居花100元一次性买了很多东西，但由于没有现钱，他开了一张3个月后付款的票据。假定当时的年利率为10%，3个月后他应该付多少钱呢？我们需要用本金加上3个月中产生的利息，共102.5元。邻居写的付款凭据就是应收票据。

有了应收票据就一定能把钱收回来吗？很难说。因为对方一天没有还清欠款，就存在一天的风险。同样道理，对于企业来说，应收票据越多，潜在的损失就越大。即便企业当年净利润惊人，但如果都是应收票据的话，就好比汽车外形和性能都不错，就是没汽油了。

理论解释完毕，下面让我们接触一下上市公司的相关数据，如表5.11所示。

表5.11 A车集团20××年年报应收票据详细资料

单位：元

种类	年末数	年初数
银行承兑汇票	39,820,345,958.16	30,528,411,081.24
商业承兑汇票	328,918,992.20	194,690,322.44
合计	40,149,264,950.36	30,723,101,403.68

A车集团的应收票据主要分为两部分：银行承兑汇票和商业承兑汇票。二者唯一的区别就在于后者的风险比前者要更大一些。从A车集团20××年的年报

资料中，我们了解到应收票据占总资产的 12.6%。这 12.6% 中有多少是完全收不回来的？我们不得而知。

说完应收票据，再来说一下应收账款。应收账款就是别人欠你的钱。只要有人欠你钱，你的资产账户中就有了应收账款的项目。其实，它和应收票据很相似，都是没有收回的货币现金。既然如此，为什么要把它们分列为两项呢？这就要看二者之间的区别了。

二者的主要区别仍然表现在风险性上。相比较而言，应收票据的风险要小一些，而且是有期限的，到期之前想要变现就要背书贴现；而应收账款的风险大一些，而且其中很多项目都是没有利息的，这些没有利息的项目对于对方而言就相当于无息贷款。它的回收时间也不能确定，更有变成坏账的可能。所以，针对应收账款要做好计提坏账的准备。

最后说一说其他应收款。有了应收票据和应收账款，为什么还有其他应收款呢？它常用来规范商业交易业务以外发生的各种应收款或者暂付款项。

说完了应收项目，再来说应付项目。此类项目需要重点强调的是应付账款和预付账款。二者虽然有一字之差，但最终结果非常类似，前者是到期收款，后者是到期收货，而且企业都是债权人。

另外，与应收账款类似，预付账款的资料也非常详细。企业的财务报表也常会将其详细地列出，给出账龄数据和预付大户的前五名。需要注意的是，预付账款在总资产中的比例不宜过大。比如，在本书中一再出现的 A 车集团，其预付账款就只占总资产的 4%。

至于其他应付款，通常情况下，只用于核算企业应付其他单位或个人的数额较小的款项，比如用于租用固定资产的费用、应付统筹退休金等。企业常规的应付款项主要在应付票据和应付账款两项中核算。

▶ 股利属于应收，还是应付

股利属于应收还是应付？要想得出正确的答案，我们需要从源头找起。这个源头就是投资与否。按照惯例，投资有债券投资和股权投资之分。其中购买优先股就属于债券投资，购买普通股就属于股权投资。

举个简单的例子。有朋友做生意，找你合伙，你的资金占公司总股本的

30%。如果你的股份属于优先股,那么无论公司运行情况如何,都要优先向你返还资金;如果你的股份属于普通股,那股利就与公司经营情况密切相关,不盈利的时候就不分红。不过,无论你的股份属于哪一种,大多数情况下,现金股利都是要发放的,而且它就是应收股利的组成部分。

还有一点需要特别注意:我们所说的是现金股利,除了现金之外,其他的都是应收股利包含的内容。当然,在具体操作过程中,也有一些公司并不直接发放现金股利,而是发放股票股利。

什么是股票股利呢?如果按照严格的经济学定义,解释起来会很麻烦。所以,我们还是举例说明。比如,一家公司共有100股,每股价值1元,今年的盈利是10元。等到年终该发放股票股利了,发放原则是10股送1股。如果你有10股该公司的股票,那么恭喜你,你现在有11股了。

尽管股票数增加了,但我们还得细细地算一笔账。公司原有100股,每股1元,总股本价值为100元。今年盈利10元,总资产就变成了110元。在未发放股票股利时,每股的价值变为1.1元。如果现在开始发放现金股利,10股变成11股,那么每股价值还是1元(110元/110股)。每股的价值是不变的,只是你拥有的股票数量增多了。

账是算清楚了,还有一个问题,那就是尽管持股数量增加了,但你所拥有的股票数量占公司股票总数的份额没变,还是10%。这时,如果想获得现金红利,就只能卖掉公司送的这1股。卖掉之后,你的持股数量仍然是10股,但持股数占公司股票总数的份额就不再是10%了,而是9.09%。

当然,上面的论证还只停留在理论上。下面就让我们以A车集团为例来近距离接触一下相关资料,如表5.12所示。

表5.12 A车集团20××年年报应收股利详细资料

单位:元

项目	年初数	本年增加	本年减少	年末数
A车有限公司	—	5,266,272,491.77	5,266,272,491.77	—
其他	18,477,184.75	2,393,063,218.77	2,127,334,961.05	284,205,442.47
合计	18,477,184.75	7,659,335,710.54	7,393,607,452.82	284,205,442.47

A车集团有A车有限公司的股份,所以A车发放的现金股利会被划归为A车集团的应收股利。从表5.12中我们不难看出,在A车集团应收股利的部分,A车有限公司并没有成为发放现金股利的主力,因为增加和减少的份额是相同的,所以一年来并没有什么变化。相反,"其他"这一项反倒成为A车集团应收股利的

重要来源。

至于应付股利，它与应收股利是相对的。投资者买企业股票的最终目的是什么？就是赚钱。只要公司获利了，就可能会给投资者分红。所以，企业一旦决定今年要给大家分红了，那这部分应该发给股东的股利就要计入应付股利。不过，因为还没有实时到账，是欠股东的，所以先计入负债。等企业支付完股利，那笔欠债就随之消失了。

确认的时间不同导致的递延

本节我们把递延所得税资产和递延所得税负债放在一起讲。既然是所得税，那一定是以利润表为基础计算的。我们在讲利润表的时候说过，在得出利润总额以后，将利润总额乘以税率，就是所得税。

说完了所得税，再来说递延。什么是递延呢？说白了，即不是现在，是以后的事。为什么会出现递延呢？因为税务制度和会计制度之间有差异，要弥合这些差异需要一定的时间，所以这种差异是时间性的。另外需要注意的是，时间差异并不是永久性差异，只是先后的"确认"时间不同而已。

那资产和负债呢？还记得上面讲到的交易性金融资产吗？它是以短期获利为目的的金融资产，并且获利也好，亏损也好，都计入当期的利润表。这就充分说明了一点，交易性金融资产如果获利了是需要交税的。

举个简单的例子。假设我们有100元交易性金融资产，年末确认的时候升值了，变成了120元。这升值的20元就需要交税。假设该企业的所得税率是33%，那么我们就得交6.6元的所得税。但是，税务制度并不是这样的。因为东西还没卖出去，所以它不按120元的金融资产来算，还是按初始的100元计算。这样，按照税务制度来看，现在是不用交税的，可实际上我们欠税了。欠多少呢？6.6元。这6.6元就是所得税的负债，因为确认的时间有延迟，所以叫作递延所得税负债。递延所得税资产的含义则与它相反。

除去递延所得税资产和递延所得税负债之外，涉及确认时间不同导致递延的项目还包括长期待摊费用。对于它，格雷厄姆在《证券分析》一书中用了两章以上的篇幅来讲解。通常情况下，长期待摊费用由三部分组成：开办费、租入固定资产的改良支出和股票发行费用。并且上述费用的摊销期限必须在1年以上，才能被称为长期待摊费用。如果某项费用在当期就直接计入成本了，那就不能归入此类了。

比如，我租了一座一层的商业写字楼作为办公室。通常情况下，这种租赁不大可能一次只交 1 年的租金，常会一次性支付 5 年甚至 10 年的租金。租金是一次性付清的，但我是要分为 5 年或 10 年来使用。所以，我不能把相关账目记成第一年租金 100 万元，第二年到第五年或第十年全部为零，这不符合权责发生制的会计制度，也不科学。

不过，写字楼并不是租到了就万事大吉。还得按照公司的需求装修，并在今后的几年中进行相关维护。这笔与装修、维护相关的费用，租写字楼多少年，就得摊销多少年。同样道理，商誉、专利、版权等也需要摊销。

有意思的是，格雷厄姆还在书中谈到了石油行业的摊销方法。因为一旦挖掘油井，它第一次喷发出来的石油基本上就会占总油量的 80%，可以称得上是"一次性喷发"。这样的话，第一年的采油量就会明显高于其他年份。如果对长期待摊费用采取平均摊销的方法，对于所有的年份来说都不公平。因此，我们在读到企业的相关表格时，注意不同行业企业几年来的长期待摊费用是相当必要的。这是因为，一旦摊销方式不当，企业第一年的利润就会高得离谱，而其他年份的盈利能力就会大打折扣了。

待价而沽的存货与长期股权投资

说到存货，大家可能都有所了解，不就是生产出来暂时还没卖出去的商品吗？确实如此。不过，这话只说对了一半。在现行会计制度中，存货的含义更广泛一些。比如正在生产的产品，哪怕是刚把它放进流水线还没来得及进行加工的，也是存货。再比如，等待加工的原材料也被称为存货。

当然，上面提到的两类并非会计制度中存货概念的全部。具体说来，存货包括原材料、在产品（就是正在生产的产品）、半成品、产成品、商品、周转材料、委托加工物资和消耗性生物资产等。

纵观存货涵盖的范围，大部分都非常好理解，下面我们重点解释一下最后两项。什么是委托加工物资呢？所谓委托加工物资，就是指外包出去的部分产品。这些东西在外包方的仓库里，而不是在你的仓库里。虽然不在，但也还是你的东西，所以也是你的存货。至于消耗性生物资产，就要简单多了。它是指小企业（农、林、牧、渔业）生长中的大田作物、蔬菜、用材林以及存栏待售的牲畜等。

说完了存货，再来说说长期股权投资。为什么要将这二者放在同一节进行说明呢？它们明明看起来没有什么联系嘛！从表面上看，确实如此，但只要你认真读过本章前面的内容就会发现，它们不仅有联系，还关系匪浅呢！

首先，二者都是企业资产的重要组成部分。其次，二者都属于企业的长期行为。按照通常的理解，保持适量的存货可以令企业货源充足，保证不断货。可一旦存货数量过多，企业的盈利能力就会在一定程度上大打折扣，资金周转的速度也会变慢。这样也有可能会使长期股权投资受到影响。所以企业在进行长期股权投资时也需要考虑存货的因素。

好，现在言归正传。什么是长期股权投资呢？为了更好地进行说明，我们还是用老办法——举例子。

做冰棍生意的张三事业蒸蒸日上，让很多人都羡慕不已。除了王小二之外，他的另一个表弟赵六也想像表哥一样去卖冰棍，但他和王小二遇到了同样的问题——资金不足。这时，张三对赵六说："你去买冰柜吧！差的钱我给你补上，但我要按比例分红。"如果赵六同意了张三的提议，那么张三的行为就是长期股权投资了。

那么这与直接购买赵六的股份不一样吗？统一归为可供出售金融资产不就行了，还用那么麻烦吗？

其实，直接入股分红和购买股份并不一样。长期股权投资不仅能用现金来投资，也可以用专利权、设备等进行股权投资。此外，二者最大的区别就是可供出售金融资产随时可以卖出，但长期股权投资不行，不能说卖就卖。

长期股权投资属于持有至到期投资。持有至到期投资有着比其他投资更明确的目的和收益。它回收的日期、金额固定，投资意图明确，最重要的是它不能是金融衍生品。像期货外汇，回收的日期不固定，收益也不固定，这就是为什么金融衍生品不是持有至到期投资。而符合持有至到期投资条件的也就是长期债券了。

折旧费与正在成形的资产

前面在讲利润表时谈到了一些关于固定资产折旧的问题和折旧的方法，但究竟什么是固定资产呢？按照大家通常的理解，固定资产首先应该是一些不能动的，而且比较直观的东西，比如厂房、桌椅和生产设备等。其实，在实际操作中，一些能动的东西也是固定资产中的一员，比如你的车。但要真正称得上固定资产，还需要在上面两类之前加上一个条件，即使用期限超过 1 年且与企业经营有关。

当然，按照会计准则，固定资产还有更细的分类。具体来说，它主要包括：生产时所用的固定资产，比如设备、流水生产线；非生产时使用的固定资产，比如办公用品；租出的固定资产，比如出租给其他企业的房屋或店面；未使用的固定资产；不需用固定资产；融资租赁固定资产；接受捐赠固定资产；等等。

固定资产不仅能为企业提供办公场所和厂房，还能为企业带来部分营收。很多企业也以自己拥有大规模的固定资产而感到自豪。尽管如此，企业还必须正视一个问题，那就是固定资产与生俱来的折旧问题。

到底该如何面对折旧问题呢？对此，格雷厄姆有如下一番妙论："工厂实际上不会完全耗损，它们只是会变得陈旧过时，丢弃机械设备，十有八九是因为行业特点、公司业务或工厂位置的变化。要不然就是出于与实际贬值无关的其他原因。""与陈旧过时的风险相比，长期折旧因素根本就无关紧要。这种风险从本质上说是一个投资问题，而不是会计问题。"

按照格雷厄姆的观点，从经营角度上来说，折旧根本算不上重要问题。不过，由于科技及行业发展的需要，进行固定资产的折旧也是相当必要的。那么那些替换下来的设备应该怎样处理呢？这就涉及固定资产清理的科目了。

固定资产清理只是一个过渡性的科目，并不是长期科目。处理这些资产不是一时半会儿就能完成的工作。在处理的过程中，产生收益了，就记成正的；产生支出了，就记成负的。最后正负相加，正的为盈利，负的为亏损。清理完结后，如果还有盈余，那就转记到营业外收入中；如果亏损了，那就转记到营业外支出中。

说完了固定资产折旧，再来看一看正在成型的资产。与固定资产类似，正在成型的资产也是项目众多，主要包括在建工程、工程物资、生产性生物资产及油气资产等。下面就让我们逐一来与它们进行"亲密接触"。

先说在建工程。举个简单的例子。比如，去年笔者父母给家里的小狗在院子里建了一座狗窝。只要是在施工过程中还没有交付使用的，这狗窝就可以算是家里的在建工程。如果已经修完了，它就成了固定资产。另外，在建并不一定是建新的，翻修也算在建工程。

至于工程物资就很好理解了，它不就是给在建工程准备的各种物资吗？这时，问题来了，既然在建工程的核算就是核算在修建中所耗费的工程物资，为什么非要再单列一个工程物资呢？这两者是有区别的。

工程物资是指堆在建筑工地上的钢筋水泥等，而在建工程所核算的是已经形成半成品的东西了。假如此时突然因为某些原因不能再建下去了，工程物资还能变现，而半成品的在建工程却未必能变现。

接下来是生产性生物资产。所谓生产性生物资产就是指活的东西，比如林木、畜类。因为它们时刻处在繁殖和生长当中，随时会受到天气、疾病、市场等诸多因素的影响，所以持有此类资产时一定要非常小心谨慎。至于油气资产就相当简单了，按照通常的理解即可。需要注意的是油价的调整期限变为了10天，天然气的价格也波动较大。因此，持有此类资产也需慎重。

其他项目是一只"大箩筐"

纵观整张资产负债表，以"其他项目"角色出现的足有四项之多，它们分别是"其他流动资产""其他非流动资产""其他流动负债""其他非流动负债"。这些"其他项目"都是做什么用的呢？简单来说，就是企业的一些零星业务产生费用的核算。用"大箩筐"来形容它们确实非常契合。

不过，既然是企业零星业务的核算，在此之前，我们就要先介绍一下企业资产负债表中的其他两项——一年内到期的非流动资产和一年内到期的非流动负债。说它们是"大箩筐"，也一点不为过，因为一年内到期的杂项都可以扔到这里面。为了更好地进行说明，我们还是先来看一个例子，具体如表5.13所示。

表5.13　A车集团20××年年报一年内到期的非流动资产详细资料

单位：元

项目	年末数	年初数
一年内到期的发放长期贷款	3,656,429,060.48	1,484,100,907.04
一年内到期的长期应收款	993,204,140.30	556,776,277.57
一年内到期的长期委托贷款	120,000,000.00	126,000,000.00
合计	4,769,633,200.78	2,166,877,184.61

表5.13为A车集团一年内到期的非流动资产详细资料。从中不难看出，A车

集团一年内到期的非流动资产主要由三部分构成：一年内到期的发放长期贷款、一年内到期的长期应收款和一年内到期的长期委托贷款。上述非流动资产在一年的时间内增加了 2,602,756,016.17 元。这充分表明 A 车集团在该年加大了一年内到期的非流动资产的持有量。如果表 5.13 显示的是 A 车集团该年一年内到期的非流动负债，则说明 A 车集团在 20×× 年的流动负债有了相当数量的增长。

说完了限期为"一年"的这两项，再来看"其他项目"。由于其他流动资产和其他流动负债、其他非流动资产和其他非流动负债是两两相对的，所以我们用下面的篇幅重点介绍"其他项目"中的资产部分。

企业在具体经营过程中遇到确实不好归类的常用流动资产科目时，就可以自行设立科目，并将其列在其他流动资产这一项目中。

规定说

《会计基础工作规范》中规定：企业在不影响会计核算要求、会计报表指标汇总和对外统一会计报表的前提下，可以根据实际情况自行设置和使用会计科目。

表 5.14 是 A 车集团 20×× 年年报中关于其他流动资产的详细资料。从表 5.14 中我们可以得知，A 车集团的其他流动资产主要由 8 项组成，它们分别是保本及非保本理财产品、财务公司发放短期贷款、股票及其现金选择权、财务公司应收款类投资、财务公司贴现、短期委托贷款、委托理财、待摊费用。

不过，上述 8 项之和只是其他流动资产理论上的数值。在实际操作中，我们还需要用上述 8 项之和减去贷款损失准备及委托理财减值准备，得出的才是其他流动资产的实际数值，即表中给出的 17,773,919,874.60 元和 18,767,721,205.67 元。

表 5.14　A 车集团 20×× 年年报其他流动资产详细资料

单位：元

项目	年末数	年初数
保本及非保本理财产品等	8,360,923,147.25	11,700,000,000.00
财务公司发放短期贷款	8,460,775,334.96	3,500,626,662.68
股票及其现金选择权	—	1,512,924,089.04
财务公司应收款类投资	494,542,910.40	1,215,338,657.45
财务公司贴现	107,571,104.63	360,149,822.56
短期委托贷款	376,300,000.00	326,250,000.00
委托理财	—	8,293,750.00

（续表）

项目	年末数	年初数
待摊费用	188,035,627.40	226,626,723.13
小计	17,988,148,124.64	18,850,209,704.86
减：贷款损失准备	214,228,250.04	74,194,749.19
减：委托理财减值准备	—	8,293,750.00
合计	17,773,919,874.60	18,767,721,205.67

至于其他非流动资产，同样可以援引《会计基础工作规范》中的规定，如表5.15所示。

表5.15　A车集团20××年年报其他非流动资产详细资料

单位：元

项目	年末数	年初数
保本及非保本理财产品	7,040,471,253.26	—
应收款类投资	1,490,207,998.09	1,735,285,144.05
长期委托贷款	120,000,000.00	126,000,000.00
其他	226,312,014.25	163,744,074.88
小计	8,876,991,265.60	2,025,029,218.93
减：一年内到期的长期委托贷款	120,000,000.00	126,000,000.00
一年后到期的其他非流动资产	8,756,991,265.60	1,899,029,218.93

表5.15是A车集团20××年年报其他非流动资产的详细资料。从表5.15中，我们可以得知，A车集团的其他非流动资产项包括保本及非保本理财产品、应收款类投资、长期委托贷款及其他。同样，这样得出的还是理论数值。只有在理论数值的基础上减去一年内到期的长期委托贷款和一年后到期的其他非流动资产，才能得出实际数值，即表中给出的8,756,991,265.60元和1,899,029,218.93元。

企业的净资产是以什么形式列出的

众所周知，净资产就是所有者权益的代称。具体来说，它是指股东在企业中享受的经济利益。在会计制度中，净资产的金额通常为总资产与负债之间的差额；而在资产负债表中，它通常由实收资本、资本公积、库存股、盈余公积和未分配利润构成。其中，库存股是需要减掉的项目。又因为盈余公积很容易理解，所以下面我们集中介绍一下其他4项。

先说实收资本。和净资产类似，实收资本也有两个名字，又被称为"股本"。在上文屡次提到的A车集团的资产负债表中，实收资本就是以"股本"的名目出现的。它代表了股东在企业中的权益，既有优先股，也有普通股。

再说资本公积。所谓资本公积，就是指企业受到的投资者的超出其在企业注册资本所占份额，以及直接计入所有者权益的利得和损失等。它的形成主要需要以下几个条件。

首先是股本溢价。比如卖冰棍的张三在没有负债的情况下总资产是2,000元，发行了2,000股，每股票面价值1元。他想要自己的公司上市，就必须以不低于每股1元的价格卖出。在这种情况下，张三恨不得自己公司的股票卖100元／股才好。如果自己持有1,001股，手中就有了100,100元的资金了。这样溢价发售之后，比原始总资产多出来的部分，就要计入资本公积。

其次是他人的捐赠。同股本溢价相比，他人捐赠的出现多少有些偶然性。比如，有一位企业家或投资家很看好你，他想通过捐一笔钱来表示他对你的赞许。尽管这部分钱并不是从股东处募集而来的，但在客观上增加了公司的资产，所以这部分钱也要计入企业的资本公积。

最后是法定资产重新估值。比如，你的企业对其他公司进行长期股权投资。当被投资的公司出现股本溢价或接受他人馈赠的情况时，你的企业的法定资产就会相应增值，资本公积的比率也会加大。如此一来，企业在这方面的收益就会大大增加。

再来看一下库存股。这是个非常有意思的问题。在关于净资产的相关计算中，库存股是需要被减掉的项目，因为它会抵消一部分资本公积。它的出现与上市公司通过发行新股票来融资有密切关系。上市公司常会在赚了钱之后，再用钱把这些股票买回来。

举个简单的例子。张三的冰棍公司有2,000元的总资产，最初发行了2,000股。可由于资金短缺，张三打算用发行新股的方式来融资。随后，他以每股1.5元的价格发行了新股100股。就这样，张三公司的总资产增加到了2,150元，原来每股价值1元，现在每股价值1.02元。

又过了一段时间，张三公司赚钱了，总资产达到了2万元，现金有1.8万元，每股价值9.52元。现在，张三打算从市场上回购股票。随后，他以每股2元的价格从股市买回了 650 股。这 650 股就是库存股。回购库存股之后，张三公司的总资产变为 1.87 万元。

这时，问题出现了。回购的股票，也就是库存股去哪儿了呢？通常情况下，库存股的去向有两个。

第一，注销。由于库存股不附带股利，又不附带投票权，所以将其注销使余下的股票升值是不错的选择。比如张三回购的 650 股注销之后，公司的股票就变成了 1,450 股，而剩余每股的价值则从 9.82 元变成了 12.90 元。

第二，放在公司的金库内。这也是库存股被称为库存股的原因。这些不注销的库存股有什么用呢？又不能让股票升值。可以用于进行股权奖励。比如，张三的冰棍公司忙不过来，雇用了表弟王小二。张三可以将回购的库存股作为奖励送给王小二。

最后说一下未分配利润。什么是未分配利润呢？按照字面意思理解就可以，就是没有分配的利润。比如，张三今年赚了 100 元，可以给股东分红，也可以不分。分红可以全分，也可以分一部分。剩余的、没有分配的利润就是未分配利润。关于它的用处，企业有时候会标明用处，比如用于扩大再投资，也可能不标明用处，只将它用作意外情况的准备金。

第 6 章

现金流量表，了解财务运营的晴雨表

企业运营的目的就是获取更多的现金。它与一个家庭的运营非常相像。众所周知，家庭的各项开支都需要现金来支持。柴米油盐需要现金，孩子的学费需要现金……一个家庭也好，一家企业也好，良好的财务状况是持续运营的首要条件。

什么是现金流量表

也许你会说,我不用现金,我身上一分钱现金都没有,都是刷卡或者用手机支付。不好意思,此现金非彼现金。在会计制度里,现金不仅包含普通意义上的现金,还包括银行存款、银行汇票等。甚至在三个月内可以变现的有价证券都可称为现金。所以,无论日常生活还是经营企业,我们都离不开现金,都需要现金来维持。

既然如此,那我们该如何运用现金呢?如果手头有闲置资金,是用来购买生活用品、存入银行,还是用来做短期投资,或是干脆长期投资某项事业呢?如果资金紧张,明天买米的钱都不够了,又该怎么办呢?遇到这种情况,我们有三种方法来解决:第一,借贷;第二,赊购;第三,出售家里的资产。现金的使用情况是家庭财务状况的晴雨表。

企业也是如此。观察一家企业是否能获得更多的利润,首先也要看它的财务状况。一家连正常运营的资金都没有的企业,你会相信它能给你带来利润吗?

现金有多重要?还记得第4章讲资产负债表时,列出的那个清算价值核算的建议表吗?其中现金和国债的价值都没有变化,可以尽快变现的流动资产折价80%,而很难变现的非流动资产折价20%。这20%基本上不会对企业的运营产生致命的影响。由此,也能从侧面看出,现金和能变现的资产对企业有多么重要。

正因为现金如此重要,企业才制定了现金流量表,并通过此表来监控自己的运营情况。还是老规矩,想了解现金流量表,得先看看它长得什么样(如表6.1所示)。

表6.1 现金流量表

项目	本期金额	上期金额
一、经营活动产生的现金流量		
销售商品、提供劳务收到的现金		
收到的税费返还		
收到的其他与经营活动有关的现金		
现金流入小计		
购买商品、接受劳务支付的现金		
支付给职工以及为职工支付的现金		
支付的各项税费		

（续表）

项目	本期金额	上期金额
支付的其他与经营活动有关的现金		
现金流出小计		
经营活动产生的现金流量净额		
二、投资活动产生的现金流量		
收回投资所收到的现金		
取得投资收益所收到的现金		
处置固定资产、无形资产和其他长期资产所收回的现金净额		
收到的其他与投资活动有关的现金		
现金流入小计		
购建固定资产、无形资产和其他长期资产所支付的现金		
投资所支付的现金		
支付的其他与投资活动有关的现金		
现金流出小计		
投资活动产生的现金流量净额		
三、筹资活动产生的现金流量		
吸收投资所收到的现金		
借款所收到的现金		
收到的其他与筹资活动有关的现金		
现金流入小计		
偿还债务所支付的现金		
分配股利、利润或偿付利息所支付的现金		
支付的其他与筹资活动有关的现金		
现金流出小计		
筹资活动产生的现金流量净额		
四、汇率变动对现金的影响		
五、现金及现金等价物净增加额		
加：期初现金及现金等价物余额		
六、期末现金及现金等价物余额		

从表6.1中，不难看出，企业的现金流量表主要包含六大项，它们分别是经营活动产生的现金流量、投资活动产生的现金流量、筹资活动产生的现金流量、汇率变动对现金的影响、现金及现金等价物净增加额、期末现金及现金等价物余额。几乎每一个大项下面都有若干个小项。

现金流量表和利润表相比，不仅规模类似，连里面具体的内容都有些类似，但它们表达的含义是不同的。这二者到底有什么区别呢？还是让我们用例子来说明吧。

比如，你的月工资是 5,000 元。每个月发完工资之后，你就会在自制的利润表上填上"5,000"。可是，凡事都有意外。最近公司资金比较紧张，这个月的工资不能按时发放了，要等下个月一起发。所以，这个月并没有现金流入你的口袋。可事实是你的确赚了 5,000 元。这时，利润表里依然会有"5,000"的标记，而现金流量表里也只好如实记录，现金的进入量为 0。

当然，你也不能只挣不花。无论这个月是否有现金流入，一些必要的花销还是存在的。像水电费 300 元、交通费 80 元、购买日常用品 2,000 元，都是不能省的。它们在利润表里会以负数的形式出现。这样，从这个月的利润表来看，你仍然是有盈利的，净利润为 2,620 元。但从现金流量表来看，你就惨透了：现金没有流入，反倒流出了 2,380 元，最后结余成了负值。这就是利润表与现金流量表的区别。

现金流量表是企业运营中资金情况最真实的记录。它并不存在任何理论上的数字，只要有钱进来了，就记正数；只要有钱花出去了，就记负数；直到期末的时候再进行加总。

经营活动产生的现金流量

经营活动产生的现金流量是现金流量表中列出的第一大项。它的子项目众多，这也从侧面说明企业经营活动的多样性。为了更好地了解企业经营活动中的资金运用情况，下面我们对这些子项目一一进行说明。

先来说销售商品、提供劳务收到的现金。这是一个与企业主营业务相关的子项目。无论你是卖冰棍的还是卖汽车的，只要是你的主营业务赚到的钱，都计入这个项目。只是有一点需要特别注意：它不涉及成本。

举个简单的例子。比如一根冰棍进价是 0.5 元，售价是 1 元，在销售商品、提供劳务收到的现金这一项中也只记成 1 元。它是现金流量表"进来多少记多少"精神最直接的贯彻者。也就是说，现金流量表的目的就在于真实地记录现金的流向，不管成本，不管费用，而成本、费用是利润表需要处理的事。

销售商品、提供劳务收到的现金是企业最重要的现金流入项目，其他项

第 6 章
现金流量表，了解财务运营的晴雨表

目都是企业经营时的附属项目，如果本职工作都不能带来现金流入，就像一个人心脏不跳了，即使其他地方再健康，也无济于事，等待他的只有死亡。

说完了销售商品、提供劳务收到的现金，再来说收到的税费返还。这是一种政府对企业的优惠政策，通常是先征后返，即征即返。各企业的退税返税政策不一样，需要具体问题具体分析。开始的时候，这笔费用是按照营业费用上交的，这点我们在利润表中讲税费的时候提到过。只不过，现在它又部分或全部回来了。根据相关规则，只要是经营活动时流进来的钱，就要计入现金流量表。

接着说收到的其他与经营活动有关的现金。它和资产负债表中的"其他项目"类似。在经营活动中产生的现金流入，但又不属于销售产品或提供服务项目的，都归到这个科目中。比如，他人对企业的捐助、罚款收入、他人为企业提供的赔偿款，都需要记在这个科目下面。

再说一下购买商品、接受劳务支付的现金。它与第一项是相对的。刚才第一项的例子中冰棍的售价是 1 元/根，进价是 0.5 元/根。这 0.5 元的成本就需要记在这一项下面。

接着是支付给职工以及为职工支付的现金。这项理解起来没有什么障碍，员工工作，就要获得相应的报酬。也就是说，老板必须给员工发工资。很显然，它也是经营活动中支出的一部分。其实，这一项和上一项可以合并为一项，但为了区分出原材料成本和人工成本，分开记更清晰。

之后是支付的各项税费。它与第二项收到返还的税费是相对的。交税是支出，至于是否符合返还的标准，什么时候返还，与相关政策密切相关。总之，只要交税支出现金了，就记到此项上。

最后说一下支付的其他与经营活动有关的现金。此项与第三项相对。企业可能因为过失缴纳罚款，也可能为他人提供捐款，诸如此类的资金都需要记在这一项下面。

在企业的经营活动中，收到多少钱，支出多少钱，都有明确的记录。用收到的钱减去支出的钱，就是自己可以支配的钱了。它被称作"在经营活动中产生的现金净流量"。当然，这个数值可能为正，也可能为负。如果是正值，就表明供企业支配的现金变多了；如果是负值，就是现金减少了。

不过，有时候，我们也会遇到比较郁闷的事情。企业明明是有盈利的，可现金净流量却是负的，这是怎么回事呢？这个很好理解，企业盈利，利润表中的净利润增长，但钱未必能收得回来，可能是欠钱的这家企业倒闭了，分文皆无，也

可能明年再还钱。每种可能都能让企业的盈利只停留在账面上，而收不到真金白银。所以，我们如果只看现金流量表而不看利润表的话，就会忽略了净利润中的含金量。

你投资赚了多少钱？投资产生的现金流量可以告诉你

投资活动产生的现金流量的子项目与经营活动产生的现金流量的子项目非常类似，有一项收入就有一项支出，最后也是以净流量的形式来计算盈利情况。因此，我们在本节就不再像上一节那样一一详解了。企业有经营活动，就有投资活动。如果有了闲置资金，并且暂时还没有扩大再生产的机会，企业就可以把钱投入诸如股票、债券这样的市场。我们在讲资产负债表中说到的可供出售金融资产就指的是这一类。

反说

不过，企业做投资要有一个限度，因为传统企业几乎都是提供商品或提供服务的，并非以投资为主业。普通企业和证券公司不同，投资就是后者的主营业务。对于前者而言，如果自身的主营业务都不赚钱，只凭着投资证券赚钱，那这样的盈利并不可靠。本职工作不做了，把兼职做成了主营业务，这样的企业还有持续竞争力吗？很难说。

当然，投资现金流也不单单源于各种金融或金融衍生品市场。企业购买设备、更换流水生产线，这也叫作投资。投资分为两种：收益性投资和资本性投资。比如，我们生产斧子，要买铁做斧头，要买木材做斧柄，这算不算投资？当然算，不过这是收益性投资。它是生产周期内消耗的东西，卖出去就能有钱赚，但不能计入投资活动产生的现金流量。

投资活动产生的现金流量这个科目记录的是资本性投资。比如我们在第5章谈到的张三又买了一台新冰柜，就是资本性投资。资本性投资通常情况下不能用于直接变现。张三买冰柜是为了卖冰棍，而不是为了卖冰柜，因此他买冰柜的钱就属于资本性投资。所以，我们可以这样理解：通过加工能够直接卖钱变现的就是收益性投资，不能计入投资活动产生的现金流量；而为了生产产品购入的设备等，不能直接卖钱的，就是资本性投资，一定要计入投资活动产生的现金流量。也就是说，当期摊销的投资是收益性投资，多期摊销的投资为资产性投资。

你从别人那儿拿钱了吗？融资产生的现金流量可以告诉你

在现金流量表中，经营和投资活动中产生的现金流量都是企业在经营过程中赚的钱，但是从第三项，也就是本节要讲的筹资活动产生的现金流量开始，下面的几项就与企业本身的经营没有直接联系了。

就拿筹资活动来说，本质上就是企业出现了资金不足的情况，需要从股东或其他人那里得到资金来求得发展。企业的融资主要有两个途径。

第一就是向银行贷款。一方面，银行的资金流比较稳定；另一方面，在银行贷款所付的利息几乎是最低的。当顺利地从银行借到钱之后，企业资金短缺的问题暂时得到了解决，在钱变多的同时，总资产也增加了。不过，通过学习资产负债表，我们知道企业的资产和负债是平衡的。企业的总资产虽然变多了，但由于钱是借来的，所以负债也增加了。最重要的是净资产并没有增加，而且企业还得向银行支付利息。所以，借款融资只是帮企业获得了短期发展需要的资金，本身并没有产生任何效益。相应地，企业的净资产也不会增加。

第二是发行新股。我们仍以张三的冰棍事业为例。开始的时候，张三公司的总资产有2,000元，发行了2,000股，每股价值1元。后来，公司在扩大经营的过程中出现了资金不足问题。这时，公司发展需要资金，但张三又不愿意向银行贷款，就可以采用发行新股的方式。比如，他可以以每股1元的价格再发行1,000股。这样一来，发展资金就有了，公司的总资产也增加了。不过，这只是事情的一个方面。另一方面，新发行的股票并没有增加股东的收益，而且降低了老股东所占股权的比例，更没有在实质上增加企业的资产。

只获得短期发展资金，不增加企业资产和股东权益，这就是融资（或筹资）活动的本质。同时，这也是融资活动与经营活动、投资活动最大的区别。

其实，无论借钱融资还是发行新股向股东融资，都是现金流入企业。而向银行还款，或者给股东发放股利，则属于融资的反向操作，是现金流从企业中流出。流入与流出相减，就是企业融资活动所得的净现金流。

你手里有外汇吗？汇率变动会对你手中的外汇产生影响

外汇在不少人眼中一直扮演着神秘的角色。每当国家根据当前的经济形势做出增持或减持外汇储备的决定时，这种神秘感就更浓郁了。其实，神秘只是因为不了解，不熟悉。外汇不仅是国家调整经济的杠杆，也是很多公司日常经营中的助手。在现金流量表里就专门有一项"汇率变动对现金的影响"，这个项目发挥作用的对象多为有海外合作对象的企业。

举个简单的例子。在国内发展多年的张三生意越做越大，他的冰棍品牌声名远播，以至于大洋彼岸的美国人也有所耳闻。于是，在2005年，张三和美国的客户做成了一笔生意，收到了1,000美元。按照当时的汇率，1美元可以兑换8.28元人民币，也就是说，张三当时收入了8,280元。可如果他一直留着这些美元没有及时兑换的话，后面就会有点损失了。因为到了2013年，美元兑人民币的汇率很快就突破了1∶6.3，到8月22日14时36分更是破天荒地达到了1∶6.13。所以，张三当时收到的美元在此时已经贬值了，而且他的损失超过了2,000元人民币。

因此，拥有跨国生意的企业千万不能掉以轻心，最好时刻关注汇率的变动。虽然1,000美元对于大规模集团企业来说只是九牛一毛，但如果往来的都是几百万、几千万的生意，不注意汇率，这中间的差值就会很大。如果手中的外汇能换成更多的人民币还好，那样兑换成本国的商品就会变多，就会产生现金流入。反之则会产生现金流出。

按照汇率的变动算出相应的数额之后，再将其与前三项相加，得出的结果就是企业总体的现金流量净额。如果是正值，那企业就比以前有更多的现金；如果是负值，企业的现金总量就减少了。

资产分类：钱在企业内部的流动

企业的资产通常可以分为两部分，一部分为投资生产销售的资产，另一部分可以笼统地称为没有用于生产销售的资产。因为企业为了完成生产和销售，需要用资金购买生产设备、原材料，要发放工人工资等，这就需要企业保留一部分流动的现金，以备不时之需。所以，我们将用于生产和销售等经营活动所耗费的资金称为"经营性资产"，而将没有用于生产和销售的资金称为"金融性资产"。

为什么要将闲置的现金称为"金融性资产"呢？因为企业为了实现利润最大化，要尽可能地利用闲置资产。如果闲置的资产没有派上用场，就会产生费用。比如由于需求不足，王小二的公司有一条生产线没有参与生产，那么没有利用的这条生产线在这段时间产生的维护费用，就是在没有产生利润的前提下出现的成本。所以，要最大限度地让公司所有的资产有效运转起来。

为了使利用率最大化，企业通常会将多余的现金用于购买债券或是短期投资，甚至存在银行赚取利息。这些资产都具有金融性，所以被称为"金融性资产"。但需要注意的是，这些资产要具有极高的流动性。也就是说，企业需要现金的时候，这些资产必须能够及时变现。

举个简单的例子。比如，有一天你和朋友正在聊天，突然你们共同的朋友王小二来了，希望你们能和他一起出资做生意。经过一番筹备之后，公司开张了，由王小二负责经营。结果，在拓展业务的过程中，公司遇到了资金问题。王小二一方面发行新股，一方面从银行找到了贷款，最终公司渡过了难关。

假设公司创立时的股本为2,000元，分为2,000股，每股价值1元。王小二投入1,000元，你和朋友各投资500元。后来企业总资产发展为3,000元。在发行新股的时候，朋友以每股1.5元的价格购买了200股，支付了300元。另外，公司的银行贷款为1,000元。就这样，经过银行借贷和发行新股之后，公司的资产负债表如表6.2所示。

表6.2　发行新股后的公司资产负债表

单位：元

资产		负债和所有者权益	
现金	2,300	负债	1,000
固定资产	2,000	所有者权益	3,300
资产总计	4,300	负债和所有者权益总计	4,300

从表6.2可以看出，经过一系列融资行为之后，公司的资金已经变得充足。这时，王小二决定，将多余的资金借给其他公司。于是，公司的资产负债表又发生了变化，具体如表6.3所示。

表 6.3　投资之后的公司资产负债表

单位：元

资产		负债和所有者权益	
现金	300	负债	1,000
持有至到期投资	1,500	所有者权益	3,300
固定资产	2,500		
资产总计	4,300	负债和所有者权益总计	4,300

同表 6.2 相比，表 6.3 中右边的"负债和所有者权益"没有发生改变，而左边的"资产"除了"资产总计"没有变之外，其他子项都发生了变化。"现金"由 2,300 元变成了 300 元，"固定资产"由 2,000 元变成了 2,500 元。另外，表中还出现了"持有至到期投资"。

前面说过，王小二将多余的资金用于投资，现在可以得知这多出来的 2,000 元的去处。它的一部分用于加强"固定资产"，另一部分用于购买"持有至到期投资"。如果前者购买的固定资产是用于生产或销售，那么它就成了生产性资本的一部分，而后者则毫无疑问是金融性资产的成员。这是因为：第一，它没有用于自身的生产或销售；第二，它是有期限的短期投资，变现能力较好。

● 资金的流动方向，"挤奶"还是"喝奶"

现金流量是企业财务运营的试金石。企业任何一种财务行为都离不开现金的流入和流出。那么现金到底是怎样流动的呢？它的流动方向都有哪些呢？下面就为大家来一一解密。

相信大家还记得讲企业的融资方式和资产可以在企业内部流动的内容吧。既然如此，也就是说，资金既可以在企业外部流动，也可以在企业内部流动。至于资金的流动方向，根据具体情形，可分为 4 种情况。

资金的流动方向一：由经营性资产转移到金融性资产。

经营性资产用不了那么多的现金，并且有即将到期的债务。这时，企业可以首先选择偿还债务，再将多余的现金用于金融项目的投资。因为债务是有利息负担的，也就是负债会产生费用。有一种情况，如果没有需要偿还的债务，也没有恰当的短期投资，那么可以存入银行生息，或者借给其他企业（买入其他企业的债券或投资商业票据），收取利息。

资金的流动方向二：由金融性资产转移到经营性资产。

相反，如果企业扩张需要资金，那么可卖出金融性资产变现，再转移到经营性资产上。这样反复地由经营性资产转到金融性资产，再由金融性资产转移到经营性资产，就是不能让资产处于闲置状态，闲置就是浪费。

资金的流动方向三：由企业流向银行和其他债务人或债权人。

资金的这种流向主要出现在向银行或其他债权人融资之后。企业成功融资之后，如果取得较多盈余，通常会在交税、留足准备金之后优先选择还清债务。至于流向其他债务人，则是在企业还完债务还有盈余的时候进行。

资金的流动方向四：由企业流向股东，或由股东流向企业。

一个会计年度终结后，该还的债务已经偿还，并且短期投资已到期，收回本金利息后，还有多余的现金，企业未来并没有扩张计划，那么可以将多余的现金以红利的方式发放给股东。至于另一种情况，我们在上面已经提到过，当企业需求资金，并且不想成为债务人的话，可以向股东募集资金，也就是发行新股。我们可以将上述4种方向总结为图6.1。

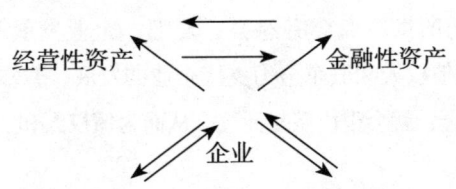

图 6.1　资金流向示意图

从图6.1中可以看出，如果以处于中心位置的"企业"为轴，全图恰好可以分为"企业"之上的部分和"企业"之下的部分，由此我们可以得出两点结论。

第一，在企业有盈利能力的情况下，"企业"之上的"经营性资产"和"金融性资产"是用来赚钱的，而"企业"之下的"债权人"和"股东"则是来收取利息或红利的。大部分企业都会在资金不足的时候通过向债权人和股东募集资金来筹资，之后投入经营性资产和金融性资产，取得盈利之后再还给他们。不同的是，将本息还给债权人之后，企业和债权人就没有任何关系了。而股东则是一直存在的"债权人"，尤其是拥有优先股的股东。当企业不能再替股东赚钱时，股东就会选择不再做这家企业的股东了。

第二，在企业创业初期或没有盈利能力的情况下，"企业"之上的"经营性资产"和"金融性资产"都不能再为企业创造利润。此时，企业如果想要渡过难关，就得向处于"企业"之下的"债权人"和"股东"再次募集资金。也就是说，第二种情况和第一种情况是完全相反的。"经营性资产"和"金融性资产"本来应该是为"债权人"和"股东"谋取权益的，结果现在成了一种倒挂的状态。

不同状态下的企业，是由企业本身作为路桥，让资金在经营性资产和金融性资产、债权人和股东之间不断流动，就像身体内的血液一样。不过，这只是企业资金流动的普遍过程。其实，还有两种例外情况。

第一种例外出现在成长型企业身上。此类企业就像小孩长身体一样，吃得多，睡得多，长得也快。它们在盈利之后往往并不着急还债，也不忙着向股东发放股利，而是想尽可能地将手头的资金用于经营上。企业注重经营主业是好事，但也存在一定的风险性。因为要是企业陷入盲目扩张，负债比率就会越来越大，企业也可能被拖垮。当然，所有投资者都希望它们能够度过成长期，顺利完成转型。

第二种例外出现在老牌企业身上。每年都向股东发放股利是该类企业多年来一贯坚持的政策。如果在某一年内，无论经营性资产还是金融性资产都没有创造新的利润，那还要不要发放股利？不发吧，会影响多年以来一贯坚持的政策，债权人、股东和可以赊购的供应商会有怨言；发吧，企业发展就会缺少后劲儿。此时最理想的情况就是债权人和股东全力支持企业的发展，暂缓发放股利。这样，企业就会获得充足的资金，就会很快恢复元气，从而为债权人和股东创造更多的权益。

经营活动最重要

如果把企业某一时刻的现金看成"存量"的话，那么现金流入多，流出少，存量就会增加；如果现金流入少，流出多，存量就会减少，具体如图6.2所示。

在正常的现金流量表中，最重要的是第一项，也就是经营活动产生的现金流量。为什么它最重要呢？因为经营才是企业生存的第一动力。

回到街口小超市的例子。你虽然经营着超市，但由于服务态度差，产品质量低，以至于每天只有2元的净利润。这时，为了缓解窘境，你每天钻研彩票的玩法，并且用这2元净利润每天购买一注彩票。终于有一天，你中了500万元，现金流入税后400万元。这400万元的收入应该记在现金流量表中的第二项投资活动产生的现金流量中。

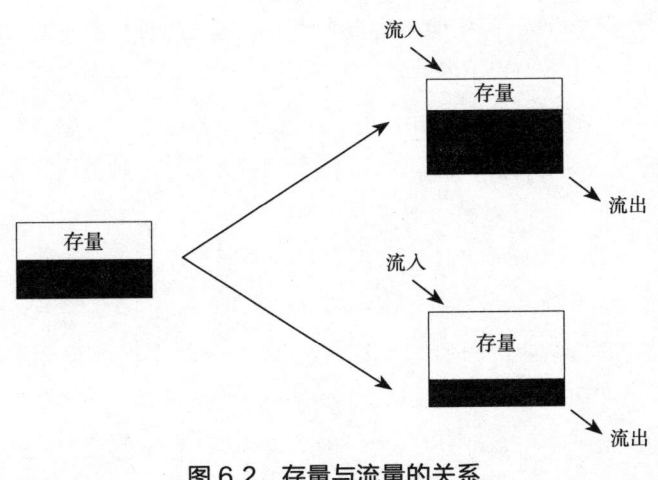

图 6.2　存量与流量的关系

一家街口小超市短时期内现金净流入 400 万元，这是怎样的盈利能力啊！先不要激动，请看看现金流量表。是的，这 400 万元是你的钱，但这不是经营所赚的钱。如果这笔钱算作经营活动的收入的话，那你这家街口小超市改名为"街口彩票研究中心"更为恰当。而且彩票中奖是有一定概率的，中 500 万元不能不说包含着莫大的幸运成分。你今天能中 500 万元，明天还能吗？你这一生能中多少个 500 万元？

同样，拿企业来说，如果经营活动产生的现金流量为零，但通过购买、出售股票、期货等有价证券赚了 20 亿元，这 20 亿元也必须记在投资活动产生的现金流量中。股票市场是有周期的，并且股票投资属于极为专业的投资活动，所以一家以经营活动为主的公司不宜将过多精力放在股票投资上。如果坚持如此经营，你的企业就应该改成"投资公司"了。所以，现金流量表中的第一项，经营活动产生的现金流量是最重要的。

从大的方面说，企业能创造的现金流越多，说明这家公司的财务能力越强。所以，我们首先要看现金流量表中的最后一项——期末现金及现金等价物余额。如果这一余额逐年增加，说明这家企业创造的现金流逐年增加，其财务能力极强。

从小的方面说，我们要细读现金流量表中的每一项，比如你的现金流是从经营超市得来的，还是买彩票得来的，比如看你的固定资产的消耗情况、你的各种经营费用消耗情况等。从这几方面也能看出这家企业是哪种类型，是像沃尔玛一样能够快速周转，还是像重工业企业一样注重成本消耗。

第 7 章

现金流要能自由支配，才是真的赚到钱了

在现金流量表中，影响现金流净流量的因素至少有 5 项。而只有真正可以自由支配的现金流才是企业真正赚到的钱。如果不能自由使用，现金将失去一切意义。

自由现金流

细读现金流量表，目的是得出自由现金流。前面曾经提到一种情况，利润表上余额很高，但现金几乎没有净流入，反而是净流出。这种企业账面看着棒极了，可实际上已经到了病入膏肓的地步。所以，我们必须计算出自由现金流，才能找到企业"患病"的症结。

让我们回到王小二的公司。假设一年的净利润是 400 元。在年底的股东会上，大部分股东建议将这些钱先还银行贷款，其余部分分红。这时，王小二发言了："咱们虽然账面上盈利了，但都是拿了货还没给钱的，所以现在既没有钱还贷，也没有钱给大家分红了。"由此可以看出，利润表中的余额并不能作为可偿还和可分配的资金。

本节要讲的自由现金流，是实实在在进入企业的银行账户的钱，并且只要股东大会同意，这些钱除了还给银行或其他债权人以外，企业可以任意支配。全给股东分了也好，分一部分再留一部分以资下一年度的生产也好。请注意其中的"自由"二字。

本着股东们要还债和分红的愿望，自由现金流就是可用于还债和分红的现金。这些实实在在进入企业银行账户的钱，随时可以拿出来还债和分红。

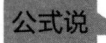

自由现金流 = 向股东发放的净股利 + 对债权人的净支付

如此就涉及如何计算自由现金流的问题了。按照老规矩，我们还是以一家公司的相关财务数据为例来看一下，如表 7.1 所示。

表 7.1　A 酒 20×× 年年报现金流量表

单位：万元

项目	本期金额
一、经营活动产生的现金流量	
现金流入小计	556,815
现金流出小计	397,140
经营活动产生的现金流量净额	159,675

(续表)

项目	本期金额（万元）
二、投资活动产生的现金流量	
现金流入小计	179
现金流出小计	25,749
投资活动产生的现金流量净额	−25,569
三、筹资活动产生的现金流量	
现金流入小计	
现金流出小计	40,180
筹资活动产生的现金流量净额	−40,180
四、汇率变动对现金的影响	
五、现金及现金等价物净增加额	93,926
加：期初现金及现金等价物余额	108,110
六、期末现金及现金等价物余额	202,036

表 7.1 为 A 酒 20×× 年年报公布的现金流量表。现金流量表光提到的大项就有 6 项之多，如何计算才能得出自由现金流呢？下面我们具体分析一下。

企业广义上的经营活动包括经营活动和投资活动。先来看第一项，经营活动产生的现金流量。它是指本年度生产经营周期的收益性投资与收入。产品由第一笔资金的注入，经历了设计、购买原材料、加工生产，再到运输、批发和零售、资金回笼，完成一个周期。最重要的是在这个周期内企业可以自由支配资金。所以，第一项是自由现金流中的一部分。

再来看第二项，投资活动产生的现金流量。第二项主要包括各种资本性投资与现金投资，比如长期股权投资、构建固定资产等。由于投资活动属于广义上的经营活动，且资金的流动由企业自身支配，所以也是自由现金流中的一员。

至于后面几项则不可能属于自由现金流。因为无论第三项的筹资活动还是第四项的汇率变动，其涉及的现金流量均不是企业可以控制的。而第五项是前四项加总，第六项是期末余额统计，虽然与自由现金流有所关联，但实际上还是通过第一项和第二项与之维系关系。也就是说，只有第一项和第二项才是真正创造利润的部分。如果要计算 A 酒的自由现金流，只要将经营活动产生的现金流量和投资活动产生的现金流量加总即可（如表 7.2 所示）。

表 7.2　A 酒自由现金流数据

单位：万元

年份	经营活动产生的现金净流量	投资活动产生的现金净流量	自由现金流
20×9	159,675	−25,569	134,105
20×8	81,477	−18,522	62,955
20×7	44,837	−3,715	41,122
20×6	58,970	−9,168	49,802
20×5	7,550	−6,141	1,409
20×4	39,059	−3,940	35,119
20×3	15,375	−5,337	10,038
20×2	4,771	−2,176	2,596
20×1	4,912	−2,551	2,361
20×0	13,324	−1,177	12,147

不能否认，企业创造的自由现金流越多，它的财务能力越强。但我们也不能仅仅看某一年的数据，应当看长期的数据和平均的数据。企业的固定资产投入就是所谓的"资本性支出"，它是要经过多个会计周期才能消耗殆尽的。与资本性支出相对的，是收益性支出，比如各种费用，它是在当年的会计年度内一次性摊销完毕的。

企业购置固定资产必然要消耗大笔的资金，但在现金流量表中，购置固定资产只列在了投资活动产生的现金流出项内，并且是一次性列支，而在剩余的会计年度内提取的折旧准备金中，并没有产生现金的流出。除了一次性列支外，固定资产没有发生现金的流入流出会计事实，所以现金流量表中，总会在一段时间内，突然出现大笔资金净流出。钱去哪儿了？大部分都流向了固定资产。

当然，如果你想要专业地计算自由现金流，也不是没有方法。

斯蒂芬·H.佩因曼（Stephen H.Penman）博士在他的《财务报表分析与证券定价》一书中给出了一些简单的自由现金流计算公式。

> **公式说**
>
> 公式1：自由现金流=经营收益−净经营资产变动额
>
> 公式2：自由现金流=净股利+少数股权收益−净财务费用−净财务负债变动额−资产负债表中少数股东权益变动

看上去公式 1 要比公式 2 简单明了得多。但是，使用公式 1，我们需要了解什么是经营资产。我们在讲资产负债表时，详细说明了将经营资产、金融资产相区分，其目的之一就是为了方便计算经营资产。

再回头看 A 酒历年的自由现金流。在最初的几年间，它的自由现金流一度出现负值。为什么自由现金流会在几年间有如此巨大的差别？自由现金流并不能衡量企业在经营活动中所增加的价值，在经营活动中产生了现金净流入，但会在投资活动中产生现金流出，就是我们所说的"一次性巨额资本性支出"。

如果你在经营活动中赚了很多钱，但又购买了更多的用于经营活动的资产，就好像赚 100 元，又买了 120 元的经营资产，这样的自由现金流一定是负的。即使你花 120 元买的东西是企业的资产，但钱还是花出去了。自由现金流不会因为总资产的增加而增加，只能随之减少，因为现金流不管其他的，只是如实记录现金的流进和流出。

所购买的经营资产摊销的周期越长，这项资产所产生的现金回流周期也越长。当所有的资本性支出都摊销结束时，它所带来的现金回流才相应结束，那时自由现金流会趋于正值。我们在后面的章节中会讲到净利润与自由现金流的长期趋同性，也是权责发生制和收付实现制的长期趋同性。

所以，一家企业的自由现金流最近几年呈负值的状态，就说这家企业前景堪忧，这是不对的。资本性支出所购买的资产是一项多个周期才能摊销结束的资产，它并不是当期就能看到收益的，它的周期越长，我们预测企业未来自由现金流的周期也就越长。它能不能收到回报，要到未来才能看到。

净利润的含金量

众所周知，净利润的含金量是非常高的。因为它是企业赚的并且可以自由支配的钱。所以，投资者和经营者都希望企业的净利润越高越好。不过，这里也有一个问题：如果企业的净利润只停留在账面上，是不是净利润的含金量就大打折扣了呢？肯定会。因为现金不足会直接导致企业发展后劲儿不足。那么该如何看待净利润的含金量问题呢？这需要具体问题具体分析。

还是回到王小二的公司。几位股东最初投资的 2,000 元，都用在维持生产的设备上了。在不计其他成本和费用的条件下，该设备可用 5 年，5 年后需要更换设备。在不考虑残值的情况下，设备每年摊销掉400元。假设公司每年净利润为500元，5年后共得净利润2,500元。公司没有负债，那么这2,500元既是净利润，也是可供分配给股东的净支付额，也就是自由现金流。

可我们仔细想一想，这2,500元真的是自由现金流吗？5年后，如果还要继续经营这家公司的话，就需要将这2,500元中的2,000元用于更新设备。那真正的自由现金流是多少？只有500元。即每年只有100元的自由现金流，而不是每年的净利润500元的自由现金流。

这也解释了为什么重资本输出型企业的市盈率那么低（市盈率问题后面的章节有详细的论述）。这类企业的固定资产在严重损耗的情况下，最后只能折旧或报废，因此它的净利润是打了折扣的，自由现金流也相应地打了折扣。巴菲特为什么持有可口可乐的股票？原因就在于这类企业的特殊性，可口可乐有专有的配方，而不需要每年都加大资本投资，便可以轻松获取自由现金流。这样，轻资本输出的企业的自由现金流，近似等于其净利润。

为了更好地区分重资本输出企业和轻资本输出企业的自由现金流，现在让我们比较一下A酒和A车集团的净利润和自由现金流。先来看A酒的相关数据，如表7.3所示。

表7.3　A酒自由现金流和净利润数据

单位：万元

年份	自由现金流	净利润
20×9	134,105	78,055
20×8	62,955	49,449
20×7	41,122	35,499
20×6	49,802	24,517
20×5	1,409	35,956
20×4	35,119	26,133
20×3	10,038	13,229
20×2	2,596	8,897
20×1	2,361	4,219
20×0	12,147	1,584

我们一直在说，A酒的资本性投资相对其他行业来说极少，所以支出变少了，每年的净利润基本上就等于自由现金流。从表7.3中也可以看出，A酒的自由现金流虽然一度出现下滑，但总体上一直保持在较高的水平，并在大部分时间

第 7 章
现金流要能自由支配，才是真的赚到钱了

多于净利润。可以说，A 酒就是轻资本输出企业的典型。与之相对的是 A 车集团这样的企业，这需要对比以后才能看出效果来。表 7.4 为 A 车集团的自由现金流和净利润数据。

表 7.4 A 车集团自由现金流和净利润数据

单位：万元

年份	自由现金流	净利润
20×9	256,778	2,075,176
20×8	1,520,747	2,022,187
20×7	1,804,369	1,372,852
20×6	928,738	659,193
20×5	743,343	65,617
20×4	−449,478	463,468
20×3	414,301	142,492
20×2	155,362	110,462
20×1	18,614	197,809
20×0	69,607	151,681

A 车集团的自由现金流和 A 酒完全不同。A 车集团这类企业对于资本性投资要求特别多，所以它的投资活动产生的净现金流有时是负值，并且数额很大。所以，虽然账面上净利润很多，但自由现金流完全与净利润背道而驰。

A 酒这类企业，跟可口可乐一样，有自己烧酒酿酒的配方，可以说几乎没有什么技术成本，其他的无外乎购置一些烧酒酿酒的设备。最大的费用还是广告费用。

如果给这种企业定性，那就是收入可持续，收入可控制。再来看它的自由现金流和净利润的对比。最近 5 年总体趋势是向上的，20×5 年稍弱一些。如果从这方面来定义，A 酒显然比 A 车集团更具有竞争优势。

净利润在增加，可以给股东一个账面上的交待，赚钱了。赚钱了能分红吗？能不能分红是能力问题，给不给分红是态度问题。有自由现金流了，在不影响企业再投资的前提下，想分就分。如果你是一个投资者，会对哪种企业投资呢？

自由现金流的意义：现金为王

对股东来说，自由现金流就意味着企业的盈利能力。特别是当股东要求股权自由现金流时，他们就可以获得分红的最大金额。也就是说，股东可以要求将企业的净利润全部进行分红。一旦如此，净利润中伴随的水分就可以被消除了。你说你利润多，不好意思，先给我看看现金流量表。有多少钱流进来了，有多少钱流出去了，这份表格里全部有记录。

自由现金流不仅是股东判断企业是否值得投资的重要标准，也是企业经营者判断企业财务是否健康的重要依据。现金流急剧下降的时候，工人要求发薪，不好意思，没钱；原材料供货商要求还款，不好意思，没钱；银行催还贷款，不好意思，没钱。那有什么呢？有固定资产，有生产线，有存货。可是，固定资产投入了，需要很长时间进行摊销，变现能力很差；生产设备短时间内也不能变现，如果真的变卖了，就没办法生产了；存货有，但销路不好。如果真的出现了这种情况，企业很快就可能面临清算破产的境地。

改革开放初期，不少企业陷入困境，很多都是资金链断裂的问题。如果此时能够成功融资，企业就还有恢复元气的可能。不过，无论贷款来还是向股东筹集资金，都不是自由现金流。更重要的是，这些资金只是虚增，并不能增加企业的净资产。

此外，自由现金流还是债权人非常重视的项目。因为对债权人来说，自由现金流是偿债能力。还记得前面提到的那个恒等式吗？等式的右边就是对债权人的净支付加向股东发放的净股利（见第126页）。银行赚的就是利差，所以企业每年要给银行支付一定额度的利息。如果企业的自由现金流为负，那么连支付利息的钱都没有了，只能再借再融，拆了东墙补西墙。如果是这样，何日何时才能走出困境？更要命的是，企业一直是这种情况，谁还敢借给你钱呢？风险太大了！

也正因为如此，所以只看现金流量表最后的余额没有意义。现金来源太多了。借来的钱、融来的钱都算现金流入，但这并不能说明企业经营得有多好。只有自由现金流才是王道。

第 7 章
现金流要能自由支配，才是真的赚到钱了

净利润和自由现金流的长期趋同性

净利润和自由现金流之间是否存在着长期趋同性呢？要回答这个问题，就得找出它们之间的直接联系。而权责发生制和收付实现制恰好充当了嫁接二者的桥梁。

举个简单的例子。比如你是一个喜欢吃零食的人，现在有两种选择：一种是一次性买 3,000 元的零食；另一种是一天买 100 元的零食。假设你一次性买入了一个月要吃的 3,000 元零食，并且每天吃 100 元的份额。按照权责发生制来说，每天吃掉的 100 元，才是你真正支出的部分。虽然你一次性支付了 3,000 元，但每天消耗 100 元，其余 2,900 元的零食还没吃呢！所以，只记吃的部分，其余的什么时候吃什么时候记。而按照收付实现制来计算呢？你收到了 3,000 元零食的货，并且支付了 3,000 元的现金，那就记一次性支出。

零食中的分摊消耗与企业中的固定资产折旧非常类似。企业为什么要将固定资产进行折旧呢？因为它也像零食一样。零食越吃越少，吃完了还要买。固定资产越用越旧，使用年限到了，也要换新的。所以，当我们花 1,000 万元购置某项固定资产时，它的使用年限为 10 年，那每年都要摊销 100 万元。所以，本年度的利润表中成本项只记这 1,000 万元中的 100 万元。其余的 900 万元不是本期所耗费的成本，不能记在这里。

而在现金流量表里呢？现金确确实实流出了 1,000 万元。现金流量表不管你要用多少年，只记录你花了多少钱。这样一比较，利润表是记录了权责发生制的成本消耗，本期用多少，就记多少；而现金流量表则记录了收付实现制消耗的成本，花多少，就记多少。

掌握了这些情况之后，我们再来举企业的例子。王小二公司在前后两年间，有几笔业务：①20×0 年买进原材料 600 元；②20×0 年销售产品收入 1,000 元；③20×0 年没收到销售产品所得的货款；④20×1 年收到货款 1,000 元。

我们分别用两种会计制度来计算一下净利润。按权责发生制来计算，王小二公司 20×0 年收入 1,000 元，减去成本 600 元，净利润 400 元；20×1 年收入 0 元，减去成本 0 元，净利润 0 元。而按收付实现制来计算，王小二公司 20×0 年收入 0 元，减去成本 600 元，净利润为 –600 元；20×1 年收入 1,000 元，减去成本 0 元，净利润为 1,000 元。

不过，上面提到的只是企业经营中的理想情况。现在我们在其中加入固定资产的购置和折旧的问题。而自由现金流的问题就是经营收益减掉资本性支出的计算问题。所以，我们必须看一下加入了固定资产这个参数之后，净利润和自由现金流的变化。

还是王小二公司的上述几笔业务。所不同的是，这次加入了固定资产。20×0年12月，购入固定资产1,000元，当年不折旧，从购买的下一年开始折旧，使用年限为5年。而按收付实现制，王小二公司20×0年收入0元，减去成本600元，再减去购置固定资产支付的1,000元，净利润为–1,600元；20×1年收入1,000元，减去成本0元，净利润为1,000元。

我们再分别按照两种会计制度来计算一下净利润。按权责发生制计算，王小二公司20×0年收入1,000元，减去成本600元，净利润为400元；20×1年收入0元，减去成本0元，再减去固定资产折旧200元，净利润为–200元。

果然，加入固定资产这种资本性支出后，王小二公司的净利润和自由现金流相差得非常大了。如果拉长期限看呢？比如5年做一次报表。这样，按照权责发生制，王小二公司收入为5,000元（1,000元/年×5年），减去成本3,000元（600元/年×5年），再减去固定资产折旧1,000元（200元/年×5年），净利润为1,000元。而按照收付实现制，王小二公司收入5,000元，减去成本3,000元，再减去一次性支付固定资产1,000元，净利润为1,000元。

结果，我们赫然发现，运用两种方法得出的净利润竟然是一致的。在权责发生制下，那些固定资产的支出和折旧确实都是在产生利润期间支出的成本，所以5年内全部摊销干净。在收付实现制下，一次性支出，后面的4年就不再摊销成本了，最后的净利润是相同的。拉长的年限将一切都涵盖了，净利润与自由现金流长期趋同。

那是不是说我们只看利润表或只计算自由现金流就可以呢？反正从长期看，结果都是一样的。实际上并非如此。

首先，企业并不是一次性购入所有所需的固定资产，固定资产也有不同的折旧年限。它们不可能在某一特定时间，全部更换掉。

其次，企业为了扩大生产规模，会不断地出现新的资本性支出。所以，净利润和自由现金流永远只能在理论上长期趋同。

最后，净利润是指企业获取利润的能力，自由现金流是财务能力。企业能获取利润很好，但不能把钱都放资本性支出上，你得考虑维持日常工作的开销。像员工薪酬、利息支付、广告研发费用、恰当的并购时机，都需要现金。所以，要有一个合理的分配。如果自由现金流为零为负，或者很少，应付不了这些问题，盲目地扩大经营资产又有何益呢？

因此，我们在研究企业财务报表时不仅要看净利润，也要看自由现金流。它们有不同的指导意义，也是衡量企业健康状况两个方面的财务指标。

另外，不同企业的自由现金流所表现出来的内涵是不一样的。不能将重资本输出企业和轻资本输出企业放在同一条件下相比较。所以，还要同类相比。下面我们就以 A 酒和 B 酒的自由现金流数据为例进行说明，如表 7.5 所示。

表 7.5　A 酒和 B 酒自由现金流数据

单位：万元

年份	A酒自由现金流	B酒自由现金流
20×9	134,105	7,468
20×8	62,955	7,180
20×7	41,122	4,978
20×6	49,802	-12,503
20×5	1,409	20,373
20×4	35,119	-3,031
20×3	10,038	-2,174
20×2	2,596	-8,940
20×1	2,361	-2,719
20×0	12,147	4,319

表 7.5 不难看出，在刚刚上市的几年内，两家公司的自由现金流都非常不稳定。20×5 年成为它们自由现金流的分水岭。A 酒的自由现金流一路向上，发展速度惊人，而 B 酒的自由现金流却一直处于持平的状态。之前，我们对比过它们的利润表，B 酒的各项指标都在 A 酒之下。

再来看重资本输出企业。表 7.6 为 A 重工和 B 重工的自由现金流数据。

表 7.6　A 重工和 B 重工自由现金流数据

单位：万元

年份	A重工自由现金流	B重工自由现金流
20×9	-566,117	-208,096
20×8	-2,501	-32,426
20×7	136,718	-26,982
20×6	-32,724	-11,349
20×5	-63,070	-11,710

(续表)

年份	A重工自由现金流	B重工自由现金流
20×4	36,678	17,827
20×3	−27,965	8,672
20×2	−54,631	−6,916
20×1	−47,624	9,149
20×0	−9,259	−8,613

由于 A 重工和 B 重工均属于重资本输出型企业,所以这样的自由现金流曲线其实早在我们的预料之中。上表显示,两家公司资本性支出比例太大,以至于最近几年的自由现金流多为负数。

先看 B 重工,它的自由现金流虽然在 20×9 年比 A 重工的多,但在之前的几年间完全是向下的趋势。再看 A 重工,虽然在 20×9 年负值很大,是 B 重工的两倍多,但在 20×9 年之前它的自由现金流有时还是正值,不过它的跳跃性也是很大的。对这类企业投资,如何取舍?很难下定论。这也是这类企业很难进行价值分析的原因所在。

现金流量的周期性

融资是什么意思,大家都清楚。说明白了,就是我现在资金紧张,需要先借点钱应应急。融资在企业发展的过程中,也是屡见不鲜的。

每当出现资金短缺情况的时候,企业往往会大大方方直接向债权人或股东融资。这样一来,企业的内部就出现了融资性现金流,而且融资性现金流等于企业借的钱和股东投的钱。如果我们把这些融来的钱投入生产,赚了钱之后,首先还是要还债,还了债以后再给股东分红。也就是说,融资性现金流 = 对债权人的净支付 + 对股东红利的净支付。

咦?这个说法怎么听着这么耳熟?还记得前面关于自由现金流的恒等式吗?自由现金流 = 向股东发放的净股利 + 对债权人的净支付。这两个恒等式的右侧是一样的,所以,融资性现金流 = 自由现金流。

在本章前面的内容里,我们一直讲自由现金流,从企业的资金从何处来的,到企业创收现金的能力,再到如何计算自由现金流和自由现金流的意义。重资本

第 7 章
现金流要能自由支配，才是真的赚到钱了

输出企业的资本性支出很大，所以它的自由现金流在大部分时间里都是负值。而轻资本输出的企业的资本性支出较小，所以它的自由现金流基本为正值。不过，这只是其中的一个断面分析，还有一些其他情形的存在。

有些企业虽然自由现金流很小，但利润很高；有些企业虽然自由现金流很大，但只有微利。为什么会出现这样的情况呢？因为每家企业所处的成长阶段不一样。比如，处于成长期的企业，每年要都投入更多的资产来扩大生产，以应付供不应求的状况。而夕阳企业，产品已经走下坡路了，在只销售存货，几乎没有资本投入的时候，它的自由现金流就会很大。

所以，我们分析自由现金流不能只看当期的数值，而要全面分析企业正处于哪个阶段。就像孩子正在长身体的时候，他的饭量必然会很大，并且孩子小，是纯消费者，只有资本投入而没有利润。等他长大了，饭量会达到一定限度，不会没有限制地上涨，他还可以赚钱了。这时，资本投入就处于水平的状态，而根据他的能力，赚的钱或多或少，这时候就会产生水平逐渐向上的自由现金流了。

企业的成长阶段，也可以狭义地理解成企业生产的产品的成长阶段。初期产品刚刚上市，消费者还需要一个逐渐认知的过程。这时候，销量不多，所产生的经营活动现金流也不会很多，但它还需要购入生产设备。在这个阶段，它的自由现金流不多，甚至是负值，净利润也很少。

当产品被大家接受，到了供不应求的地步时，需要加大经营资产的投入，自由现金流更是入不敷出，净利润却很高。当产品达到成熟期的时候，也就是边际成本等于边际效益，哪怕你再投入更多的成本也不能增加收入的时候，就不需要加大资本性投资了，这时候的净利润和自由现金流都会很高。

当产品达到衰落期时，有新产品可以替代你的产品了，或者有新公司将你的公司替代了，你只能销售一些库存，并且让公司尽快转型，此时要对另一种产品投入新的经营资产，再来一次这样轮回，净利润会持平或下降，自由现金流转入低谷。然后，进入下一个轮回。具体如图 7.1 和图 7.2 所示。

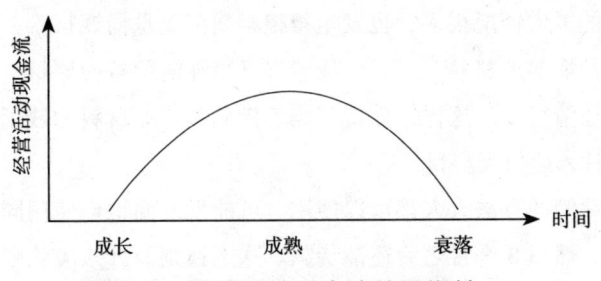

图 7.1　经营活动现金流的周期性

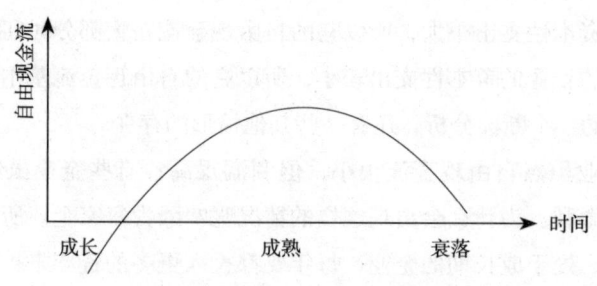

图 7.2　自由现金流的周期性

不可否认，有些企业可能会一直处于成长期。比如某些高科技公司，它需要不断地更新产品，若是放弃了创新就会被其他创新者打败。而有些企业会一直处于成熟期，比如可口可乐、贵州茅台。

我们从大的方面说了资金的分配和产品周期的现金，其实放入小的周期内也一样。比如旅游业，它是有固定的黄金期的。还有啤酒类企业，它在第二季度和第三季度销售量是极高的，但天气变冷了，冬春之交，啤酒的销量会变少。这是产品的特性决定的。你要看它的季报，就不用为第一季度销售清淡而失望，也不用为第二、三季度销售火爆而兴奋。给企业定性，给产品定性，要比给它们定量重要得多。

总之，无论从长的周期来看，还是从短的周期来看，产品的周期其实就是企业融资性现金流的周期。需要钱的时候，融资性现金流就多一些；不需要钱的时候，融资性现金流就少些。你可以通过企业的融资性现金流来看产品的生长周期，也可以透过产品的生长周期来推测企业的融资性现金流。

负债杠杆，借鸡生蛋

企业间的拆借情况很多，也发生得很频繁。无息借钱很难，借贷却很简单。比如你的公司需要原材料，可以先凭着自己以往的信誉向原材料供应商赊购，约定 3 个月内还清货款。这样，你就相当于借到购买原材料的钱了。而这笔钱在会计制度中要计入应付类科目。

不过，赊销的方法人人都可以使用。可能批发商也会使用同样的方式在你这里拿货去卖，然后 3 个月之后还清货款。这笔钱则要计入应收账款。因为批发商的还款能力不一，所以企业必须按期计提坏账准备。

其实，无论向原材料供应商赊购的企业，还是向企业赊购的批发商，他们的行为从本质上来说都是在增加自身的经营负债。在资金不足的情况下，增加经营负债可以为他们带来以下便利：

第一，经营负债在经营资产中占的份额越大，企业本身投入的经营资产就越少。这样可以在一定程度上降低自身成本，增加收入。

第二，如果遇到了恶性通货膨胀，等还钱的时候还是以账面为准，不存在保值的压力。真实的情况是越贬值，企业所应偿还的负债购买力就越小。

第三，在不想增加经营负债的基础上，企业可以选择发行新股。比如，原来总资产有100股，你有30股，占30%的股份。后来发行了20股新股进行融资，总资产变成了120股，你还是占30股，股份就变成了25%。

第四，当企业总资产中没有任何负债，股东权益等于企业总资产时，增加经营负债就会赚更多的钱。

既然增加经营负债好处多多，那么大家都来增加经营负债吧！对吗？适度增加经营负债当然是可以的，但也要把握好其中的度。经营负债数额越大，企业对于外部资金就越依赖。一旦外部环境恶化，不能及时提供充足的资金了，企业就会陷入困境。因为在增加的负债中大部分短息贷款都是有息的，也就是说，无论经营状况如何，企业必须付给债权人利息。而且在贷款到期之后，也要及时归还本金。若是经济环境恶化，企业经营不顺利，连偿还债务都会成问题。而偿还能力恰恰是债权人决定是否要借钱给你的关键。

所以说，增加经营负债是一把双刃剑。与此同时，经营负债的数额也是财务分析的一项重要指标。

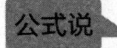

经营负债杠杆 = 经营负债 / 净经营资产

现在，国际通用的经营负债杠杆测量标准是不能超过40%。如果经营资产与经营负债之和为100%，按照经营负债杠杆不超过40%来划分净经营资产和经营负债各占多少，我们通过代数方法就能轻易地得出答案：净经营资产占5/7，经营负债占2/7。

为了更好地说明这个问题，还是让我们来看一些上市公司的经营负债杠杆数据，如表7.7、表7.8、表7.9所示。

表7.7 A旅集团经营负债杠杆表

年份	经营负债 （万元）	净经营资产 （万元）	经营负债杠杆
20×9	369,072	479,176	77.02%
20×8	385,896	364,770	105.79%
20×7	189,491	369,157	51.33%
20×6	120,403	337,687	35.66%
20×5	113,155	334,428	33.84%
20×4	1,038,720	2,330,536	44.57%

表7.8 A车集团经营负债杠杆表

年份	经营负债 （万元）	净经营资产 （万元）	经营负债杠杆
20×9	14,952,481	14,905,231	100.32%
20×8	9,987,792	11,544,407	86.52%
20×7	4,416,328	8,003,222	55.18%
20×6	3,688,255	6,578,732	56.06%
20×5	3,082,553	6,573,179	46.90%
20×4	2,689,985	5,373,496	50.06%

表7.9 A酒经营负债杠杆表

年份	经营负债 （万元）	净经营资产 （万元）	经营负债杠杆
20×9	233,044	258,131	90.28%
20×8	139,619	205,962	67.79%
20×7	71,645	179,215	39.98%
20×6	52,795	158,741	33.26%
20×5	48,441	140,207	34.55%
20×4	45,115	121,367	37.17%

表7.7、表7.8和表7.9分别为A旅集团、A车集团和A酒的经营负债杠杆表。不过，在分析上述表格之前，我们需要先解释一个概念。

假设一家公司所有的经营资产都是存货，共为1,000万元，而它的应付账款科目的金额也是1,000万元的话，说明这些存货都属于赊销品，这家公司还没有付给供应商钱。也就是说，经营资产是由债权人借给你的，而不用股东来投资，股东投的钱可以用在其他的地方。现在，越来越多的公司倾向于这种经营模式，即"借鸡生蛋"的模式。

第 7 章
现金流要能自由支配，才是真的赚到钱了

再回过头来看这三张表，不难看出，A 旅集团在 20×8 年经营负债杠杆已经达到了 100% 以上，它的经营负债比净经营资产还要多。同样，A 车集团的经营负责杠杆在 20×9 年也达到了 100% 以上，A 酒的经营负债杠杆在 20×9 年达到了 90% 以上。这充分表明，三家上市企业"借鸡生蛋"的规模在不断扩大。

我们给出的经营负债杠杆以 40% 为宜，当然这也要看企业的财务能力。不同企业的经营模式是不同的。比如，有快销渠道的企业，像沃尔玛等，它们的经营负债杠杆都是很高的，绝大多数情况下，经营负债都大于净经营资产。它们在供货商处赊购，并且还款期限长于销售货物的收款时间，利用经营负债杠杆获取利润。

第 8 章

只是盈利还不够，
还要能持续盈利

什么能看出企业的盈利能力？当然是利润表。利润表按照权责发生制翔实地记录了企业的成本、费用、收入和利润。我们采取"步步为营"的手法逐渐剥开利润表的外衣，便可解开企业持续盈利的秘密。

毛利润：有没有核心竞争力

什么是毛利润呢？举个简单的例子。比如一包进价18元的香烟以20元的价格卖出，利润为2元，这2元就是毛利润。为什么它不是净利润，而是毛利润呢？因为要卖烟的话，我们需要烟草专卖的许可，这是一笔长期待摊费用；还需要一家门面，也需要花钱。如果资金周转不开的话，去银行贷款，还需要付给银行利息，这是财务费用。如果再雇个经理和库管，还要给他们工资，这就是管理费用。另外，还要交营业税、所得税等。各种费用和税费都要从营业利润里扣除。最后剩下的才是净利润。我们卖一包烟所得2元利润还没有扣除各种费用，所以它只是毛利润。

公式说

毛利润=主营业务收入-主营业务成本（也即：营业收入-营业成本）

毛利率=毛利润/主营业务收入

毛利率越高，企业的竞争力越强。只要有烟草专卖许可，谁都可以卖香烟，18元卖20元，毛利润2元，毛利率10%。因为还要从这10%里面扣除各种间接费用，所以净利润已经所剩无几了。如果你拥有某项专利，其他人不能销售你的产品，成本只有1元，售价100元，毛利润为99元，毛利率高达99%。或者你生产的产品，其他企业也可以生产，但由于你产品质量好，售后服务到位，有极高的市场占有率，你的产品的售价就可以比同行业高。在成本同水平的条件下，营业收入就会比同行业高，毛利润高，毛利率也高。

这就是企业的竞争力，因为你有其他人没有的优势。这种优势越大，毛利率越高，该产品的附加价值就越大，企业的竞争力就越强。另外，毛利润高，还可以适当地提高管理费用，比如公司人员的工资和福利。这样，员工的积极性就会大大增加，对企业的发展也是一个有益的促进。

毛利润高真的会产生这么大的影响？完成了理论上的证明之后，我们还是来看一下相关企业的数据，如表8.1所示。

第 8 章
只是盈利还不够，还要能持续盈利

表 8.1　A 机场毛利润和毛利率数据

年份	毛利润（万元）	毛利率
20×9	158,493.96	37%
20×8	141,295.36	37%
20×7	140,666.59	43%
20×6	128,621.44	42%
20×5	125,462.25	47%
20×4	114,879.25	48%
20×3	88,830.31	41%
20×2	35,476.54	23%
20×1	68,306.44	64%
20×0	57,350.06	61%

表 8.1 是 A 机场毛利润和毛利率的情况。它在收入增加的同时成本也在增加，毛利率的趋势虽然整体呈下降趋势，但始终都保持在 30% 以上（20×2 年除外）。

再来看 A 酒的毛利润和毛利率数据，如表 8.2 所示。

表 8.2　A 酒毛利润和毛利率数据

年份	毛利润（万元）	毛利率
20×9	341,095.58	76%
20×8	231,047.14	77%
20×7	160,469.91	75%
20×6	121,163.71	76%
20×5	142,459.52	77%
20×4	111,878.10	74%
20×3	77,264.50	72%
20×2	58,962.14	70%
20×1	40,564.20	65%
20×0	32,816.01	64%

从表 8.2 中不难看出，A 酒的毛利率始终维持在 50% 以上。这就是企业竞争

力。A酒卖100元，只有50元的成本。名酒类企业，它们的酿酒烧酒的方法和配方本身就是专利，独此一家。这样的企业毛利率一定是非常高的，A酒最近几年的毛利率已达到70%以上。

正说

决定毛利润高低的是两个变量：营业收入和营业成本。所以，要提高毛利润有两个办法：第一提高收入，第二降低成本。

由于毛利润计算中的成本变量是指当期参与生产的直接成本，并未计算固定资产的折旧费用等，所以某类企业生产的产品参与生产的直接成本很少，耗费的固定资产折旧比较多，那么它的毛利润就比较高，但投资固定资产的费用就比较多。而直接参与生产的成本较多，固定资产购置的费用相对就比较低，它的折旧费用也比较低，从而导致毛利润比较低，但长期投资很少。

比如街口的打字复印店，打印一页A4纸1元。直接参加生产的成本就是一张A4纸，0.2元，毛利率高达80%。但是，店主需要投入一台电脑和一台打印机。所以，打印店毛利润虽高，但固定资产的投产也很高。相反，做纸箱的工作，购入纸板后，手工加工制作成纸箱，毛利率很低，基本上不用购置任何设备。

由此，我们可以得出以下三点结论。第一，我们不必强求毛利率非要有70%或80%那么高，能达到30%就可以。这是一个临界点，也是考虑到某些企业的直接成本高。第二，不能单方面去看企业的毛利率。它可能有很高的毛利率，但长期投资也高，在一段时间内需要大规模更换固定资产。所以，不是同一类的企业具有不可比性。第三，毛利率越高的企业一定具有某种竞争优势，毛利率越低的企业一定处于激烈的竞争当中。

因此，同业比较还是相当必要的。同业比较的好处是，我们可以找到同类企业中经营得较好的，甚至是龙头企业。最好的才是我们值得投资的。表8.3为A酒和B酒的毛利润和毛利率数据对比。

表8.3 A酒和B酒毛利润和毛利率数据

年份	A酒毛利润（万元）	A酒毛利率	B酒毛利润（万元）	B酒毛利润
20×9	341,095.58	76%	63,731.10	45%
20×8	231,047.14	77%	48,024.86	41%

第 8 章
只是盈利还不够，还要能持续盈利

（续表）

年份	A酒毛利润（万元）	A酒毛利率	B酒毛利润（万元）	B酒毛利润
20×7	160,469.91	75%	34,351.92	37%
20×6	121,163.71	76%	24,361.97	40%
20×5	142,459.52	77%	20,105.07	44%
20×4	111,878.10	74%	16,284.11	34%
20×3	77,264.50	72%	13,320.03	36%
20×2	58,962.14	70%	11,181.88	37%
20×1	40,564.20	65%	10,098.92	39%
20×0	32,816.01	64%	10,570.50	40%

虽然 B 酒的毛利率比 A 酒的毛利率高得多，但从实际的分析情况来看，B 酒和 A 酒的净利润增长还是不可同日而语的。这就是为什么要同类企业相比较，而不能用不同类型的企业去比较同一个财务指标。同样是酒类企业，B 酒的毛利率像在海底，而 A 酒的毛利率却像在天上。你可以不喜欢喝 A 酒，但在进行投资的时候，你却不得不看重 A 酒一些，因为它的盈利状况良好。

▶ 销售净利润：费用高，还是成本高

与销售毛利率相对的，就是销售净利率。销售毛利率主要是看售价和成本之间的盈利空间到底有多大，但到最终计算利润情况的时候，还得看销售净利率——到底每卖出 1 元的货物，我能赚多少？

销售净利率 = 销售净利润 / 销售收入 ×100%

如果毛利润高，而净利润低，说明中间的费用很高。费用都有什么？管理费用、销售费用等。比如香奈儿，它的生产成本非常低，但名声在外，而且这种声誉是普通品牌比不了的。再比如瑞士的纯手工手表，它的信誉度远远高于普通工厂流水线里生产出来的手表。所以，这类企业毛利润都很高，但净利润未必同样高。

香奈儿、路易威登这些国际品牌为了维护自己在国际上的声誉和地位，每年用于维护品牌和开发的费用远远高于其他普通企业。因此，成本小但费用高，净利润也不会高太多。也就是说，它们赚的钱并没有我们想象中的多。

为了进一步印证上述观点，还是让我们来看一下，各家企业销售毛利率和销售净利率相比的结果，如表8.4所示。

表8.4 A机场和B机场销售毛利率和销售净利率数据

年份	A机场销售毛利率	A机场销售净利率	B机场销售毛利率	B机场销售净利率
20×9	37%	16.44%	39%	32.52%
20×8	37%	15.21%	39%	31.31%
20×7	43%	16.45%	31%	21.16%
20×6	42%	15.93%	39%	25.66%
20×5	47%	13.45%	58%	53.91%
20×4	48%	12.13%	62%	51.21%
20×3	41%	11.70%	61%	51.82%
20×2	23%	18.40%	60%	54.92%
20×1	64%	27.89%	56%	36.22%
20×0	61%	30.51%	57%	44.18%

表8.4为A机场与B机场的销售毛利率和销售净利率的数据。虽然在销售毛利率上，B机场比A机场整体略高，但其起伏不定的发展趋势让很多投资者感到不放心。幸运的是，比较过二者的销售净利率之后，B机场给投资者带来了莫大的惊喜。A机场的销售净利率基本是销售毛利率的50%，也就是说，成本和费用基本比例是相当的。再看B机场，毛利率大致就等于净利率，它的费用支出非常少，净利率非常高。虽然B机场赚钱不稳定，但确实赚的每1元，大部分都可以变成利润。

除去机场企业之外，还有其他像可口可乐一样有核心竞争力的企业，如表8.5所示。

表 8.5　A 酒和 B 酒销售毛利率和销售净利率数据

年份	A酒销售毛利润	A酒销售净利润	B酒销售毛利润	B酒销售净利润
20×9	76%	17.39%	45%	6.52%
20×8	77%	16.39%	41%	3.57%
20×7	75%	16.56%	37%	3.82%
20×6	76%	15.47%	40%	5.18%
20×5	77%	19.47%	44%	3.77%
20×4	74%	17.21%	34%	0.64%
20×3	72%	12.35%	36%	2.97%
20×2	70%	10.63%	37%	5.19%
20×1	65%	6.74%	39%	5.79%
20×0	64%	3.07%	40%	8.28%

表 8.5 为 A 酒和 B 酒销售毛利率和销售净利率的数据。单看毛利率，A 酒一直维持在 60%～70% 的高位。拿 20×9 年来说，每销售出 100 元的商品，成本只有 24 元，毛利润达到了 76 元。可最终到手的钱有多少？17.39 元。

那些钱去哪儿了？还记得前面提到的香奈儿和路易威登维护费用高的事情吗？A 酒和它们遇到了同样的问题。作为传统的中国品牌，它需要拿出相当一部分毛利润用于品牌维护。当然，近年来不断上涨的人力资源成本也是 A 酒毛利润中需扣除费用中的重要组成部分。尽管如此，从 20×2 年开始，A 酒的净利率也一直保持在两位数。相比较而言，B 酒的净利率就显得比较少了，十几年来一直是个位数。

总之，看企业有没有核心竞争力就要看毛利率。毛利率越高，说明产品或企业在成本之外的附加价值就越高。这种附加价值就是无形资产。无形资产虽然是看不见摸不着的，但很昂贵，需要高额的费用去维护。而看到底赚了多少钱要看净利率。每销售 1 元的货物最后能赚多少钱，这是给股东的答卷。

资产周转率：给自己一个准确的定位

关于资产运转，会计学里有一个专有的名词，叫作"资产周转率"，通常用

"资产周转率=主营业务收入/总资产"这个公式来计算。到底资产周转率有什么作用呢？为什么说看懂了资产周转率就能够给企业一个准确的定位呢？还是让我们找两家企业来对比一下，用实例说明更直观。

表8.6 A酒和B酒资产周转率数据

年份	A酒总资产（万元）	A酒主营业务收入（万元）	A酒资金周转率	B酒主营业务收入（万元）	B酒总资产（万元）	B酒资金周转率
20×9	448,814.81	491,175.34	91.38%	141,369.48	144,867.23	97.59%
20×8	301,662.50	345,581.09	87.29%	116,605.62	129,008.86	90.39%
20×7	214,345.19	250,860.31	85.44%	93,497.28	117,912.61	79.29%
20×6	158,451.93	211,536.31	74.91%	60,174.88	111,412.86	54.01%
20×5	184,679.38	188,648.34	97.90%	46,162.62	100,533.21	45.92%
20×4	151,864.10	165,696.31	91.65%	47,918.02	80,675.50	59.40%
20×3	107,159.31	133,458.17	80.29%	37,297.56	66,514.08	56.07%
20×2	83,725.77	120,412.13	69.53%	29,958.89	64,403.90	46.52%
20×1	62,579.93	107,068.74	58.45%	26,118.18	57,028.54	45.80%
20×0	51,523.64	110,392.74	46.67%	22,767.29	38,558.79	59.05%

表8.6是A酒和B酒资产周转率的相关资料。就掌握的相关数据来看，在20×0年，B酒的资产周转率比A酒要高很多。但从20×1年起，一直到20×6年，A酒后来居上。20×6年一过，B酒又实现了反超。A酒和B酒都是名酒，但从现有的数据来看，我们似乎很难判断到底谁的经营状况更好一些。

从长期发展来看，二者的资产周转率不相上下，但A酒的总资产比B酒多得多。总资产越高，分母越高，达到同等级的资产周转率的难度就越大。这样一来，A酒的努力就显得难能可贵了。也就是说，A酒的经营状况比B酒略胜一筹。

所以，就资产周转率来说，不能只看结果，还要看总资产的大小。分母越大，达到同一水平的资产周转率难度就越大。话说回来，总资产大也不是资产周转率低的借口。如果你有很庞大的资产，周转率却很低，说明你有很大一部分资产没有用于主营业务。那就是说，这部分资产并不能给你带来收入。不能带来收入的资产就是冗余资产。

为了更好地说明问题，让我们来看一下两家零售企业的资产周转率的数据，如表8.7所示。

表 8.7 A 百货和 B 百货资产周转率数据

年份	A百货主营业务收入（万元）	A百货总资产（万元）	A百货资金周转率	B百货主营业务收入（万元）	B百货总资产（万元）	B百货资金周转率
20×9	855,147.60	617,160.70	138.56%	319,422.20	936,523.10	34.11%
20×8	706,169.90	447,352.80	157.86%	362,587.70	757,715.70	47.85%
20×7	588.541.10	369,384.00	159.37%	314,647.60	4,472,762.40	70.35%
20×6	504,373.50	334,074.90	150.98%	228,082.40	486,209.50	46.91%
20×5	396,710.60	248,924.50	159.37%	160,158.00	419,613.30	34.10%
20×4	322,430.60	232,493.00	120.30%	159,931.40	238,372.80	67.09%
20×3	249,737.50	207,594.10	138.68%	180,259.20	200,479.80	89.91%
20×2	207,990.40	187,930.20	110.67%	142,716.70	245,794.50	58.06%
20×1	141,991.70	166,141.50	85.46%	83,009.91	203,801.50	40.73%
20×0	117,634.70	132,103.90	89.05%	66,065.70	148,079.30	44.62%

表 8.7 是 A 百货和 B 百货资产周转率的相关资料。这两家是国内以零售百货为主的企业。既然销售的是百货，并非奢侈品，所以资产周转率对于这两家企业来说是非常重要的。看 A 百货，资金周转率常年处于 80% 以上，而 B 百货却在 50% 左右浮动。从这点来看，如果 B 百货和 A 百货同处一地，那么 B 百货完全处于下风。

资产周转率的问题关系到企业的定位，而定位是否准确，最直观的要看毛利率。如果像沃尔玛一样的零售企业，多数情况下是毛利率特别低，但周转得特别快。高端企业则是毛利率高，资产周转的速度相对较慢。为此，我们需要从头来看上述两家零售企业的毛利润和毛利率的数据，如表 8.8 所示。

表 8.8 A 百货和 B 百货的毛利润和毛利率数据表

年份	A百货毛利润（万元）	A百货毛利率	B百货毛利润（万元）	B百货毛利率
20×9	97,167.83	16.51%	85,319.88	27.12%
20×8	79,974.72	15.86%	66,833.25	29.30%
20×7	38,519.94	11.95%	46,018.55	28.77%
20×6	27,098.22	13.03%	42,099.76	29.50%
20×5	18,976.07	13.36%	25,497.68	30.72%
20×4	14,256.89	14.21%	26,423.18	39.66%
20×3	9,609.37	13.29%	22,511.01	41.73%

（续表）

年份	A百货毛利润（万元）	A百货毛利率	B百货毛利润（万元）	B百货毛利率
20×2	8,734.34	14.11%	22,579.94	40.06%
20×1	6,784.29	14.84%	23,964.16	42.86%
20×0	5,812.36	16.99%	23,809.54	47.77%

从表8.8中不难看出，A百货完全符合周转率高、毛利率低的规律。既然你想周转快，那就要低价。没听说比同类产品的价格高还卖得快的道理。同样道理，B百货的周转率低，那它的毛利率一定会很高。不过，作为一家以零售业为主营业务的企业，这样的毛利率有些高得离谱。

但结合表8.7请注意，在20×0年，B百货的总资产超出A百货很多，到20×9年，A百货的总资产大致为B百货的2/3。能看出什么？虽然总资产低，毛利率低，但凭着企业对于高资产周转率的定位，企业得到了长足发展。

A百货的总资产和毛利润的年平均增长率比B百货的总资产和毛利润增长率都要高。别看A百货毛利率低，但商品卖得快。卖得快就卖得多，卖得多就赚得多。20×9年，A百货不但总资产有了大幅提升，毛利润也完全超过了B百货。如果你想选择零售业企业进行投资，我想通过这样的对比，你已经有答案了。如果你对这两家企业都不满意，你也可以用同样的方法，对其他零售业企业进行筛选。

说完了零售企业，再来看定位于高端产品的企业，如表8.9所示。

表8.9　A装和B装资产周转率数据表

年份	A装主营业务收入（万元）	A装总资产（万元）	A装资金周转率	B装主营业务收入（万元）	B装总资产（万元）	B装资金周转率
20×9	87,169.91	109,596.42	79.54%	109,185.05	199,088.26	54.84%
20×8	89,548.00	92,083.92	97.25%	93,794.18	122,738.00	76.42%
20×7	81,882.73	80,608.06	101.58%	46,846.44	77,712.45	60.28%
20×6	64,865.47	70,559.05	91.93%	34,490.46	29,862.15	115.50%
20×5	52,084.49	59,639.46	87.33%	30,794.81	25,629.61	120.15%
20×4	43,805.14	59,487.92	73.64%	29,299.74	23,125.92	126.70%
20×3	37,060.87	59,488.05	62.30%	—	—	—
20×2	35,496.02	56,662.49	62.64%	—	—	—
20×1	29,748.16	55,091.86	54.00%	—	—	—
20×0	28,880.05	53,978.13	53.50%	—	—	—

还是首先看这两家的主营业务。A 装专注于生产和营销各类中高档正装产品，而 B 装主要从事 B 装品牌西服和衬衫等男士系列服饰产品的设计、生产和销售。

既然标榜自己是高档，那么客户定位一定是高消费人群，价格定位一定比较高。但我们看 A 装的资产周转率，最低在 50%以上，最高竟然高达 100%以上。这样的资产周转率，堪比零售业企业。

再看 B 装，它在 20×4 年左右，资产周转率还是很高的，但随着经营的不断深化和准确的定位，它找到了自己的路线，资产周转率直线下降，直到最近两年下降到了接近 50%。说明了什么？高端！这么说还不能比较它们的经营情况如何，再来看它们的毛利润和毛利率，如表 8.10 所示。

看 A 装的毛利率，再结合它的资产周转率，它和零售业基本没什么区别，甚至完全符合零售业的毛利率和资产周转率的特性。

表 8.10　A 装和 B 装毛利润率数据表

年份	A装毛利润（万元）	A装毛利率	B装毛利润（万元）	B装毛利率
20×9年	22,858.33	26.22%	55,828.70	51.13%
20×8年	20,411.03	22.79%	45,669.88	48.69%
20×7年	19,480.84	23.79%	21,917.06	46.78%
20×6年	14,619.70	22.54%	13,484.10	39.10%
20×5年	11,386.89	21.86%	11,170.30	36.27%
20×4年	8,974.60	20.48%	10,200.13	34.81%
20×3年	7,161.45	19.32%	—	—
20×2年	7,021.39	19.78%	—	—
20×1年	4,985.88	16.76%	—	—
20×0年	4,997.77	17.31%	—	—

20×7 年 B 装的资产周转率由 115.50%下降至 60.28%。说明 B 装开始转型，完全放弃了像卖冰棍一样薄利多销的经营方式，开始真正转型到高端运营。转型后，资产周转率下降，毛利润升高，由 20×7 年的近 22 亿元升高到 20×8 年的 45 亿元。转型成功，取得质的飞跃。

再看 A 装，它的资产周转率持续升高。为什么它还不改变自己的主营业务或转型呢？我们对比一下，从总资产的年平均增长率来看，A 装为 9.96%，B 装为 27.36%；从毛利润的年平均增长率来看，A 装为 13.68%，B 装为 36%。

一家企业的盈利能力强弱，要看它有没有对自己进行准确定位。A 百货知道自己是零售业企业，就要卖得多，卖得多才能赚得多，而 B 百货不知道。B 装在主营业务介绍里低调地没有加上"高档"二字，走的却是高端路线。所以说，你的产品卖得快吗？或者卖得慢吗？这都不重要，重要的是你在卖什么！

拆分资产周转率：哪些资产赚的钱最多

针对周转率的问题，我们还可以再进行拆分。将"资产周转率"拆分成"流动资产周转率""固定资产周转率"和"存货周转率"。它们都能从某一个侧面来分析企业是否有正确的定位、销售能力如何、盈利能力如何等问题。

公式说

流动资产周转率 = 营业收入 / 流动资产

固定资产周转率 = 营业收入 / 固定资产

什么是流动资产？一年或短时间内可以变现的、可以直接应用的，都叫作流动资产。你甚至可以狭义地理解为货币现金。流动资产周转率越高，说明企业将资金分配得越合理，资金利用率越高。如果一年内流动资产周转率只有 100%，就是现金在一年内只用了一次。如果一年内流动资产周转率达到 700%，那就是你的每一分钱在一年内连续用了七次。重复使用的次数越多，说明现金的利用率越高，可以大规模节约成本。

那固定资产周转率呢？固定资产周转率越高，说明利用固定资产赚取的利润越多。如果我用 1 元的固定资产赚了 7 元，那么我的固定资产周转率高达 700%。但如果我用 7 元的固定资产，赚取了 7 元，那么我的固定资产周转率只有 100%。同样的固定资产，有人赚得多，有人赚得少，那就与管理水平有关了。

为了更好地说明问题，还是让我们以相关公司的具体数据来说明，如表 8.11 所示。

表8.11　A酒的流动资产周转率和固定资产周转率数据

年份	A酒主营业务收入（万元）	A酒流动资产（万元）	A酒固定资产（万元）	A酒流动资产周转率	A酒固定资产周转率
20×9	448,814.81	401,353.77	60,964.99	111.83%	736.18%
20×8	301,662.50	283,456.18	43,619.61	106.42%	691.58%
20×7	214,345.19	197,638.45	46,450.80	108.45%	461.45%
20×6	158,451.93	157,962.33	42,093.49	100.31%	376.43%
20×5	184,679.38	142,693.06	33,024.54	129.42%	559.22%
20×4	151,864.10	123,941.56	32,088.91	122.53%	473.26%
20×3	107,159.31	92,474.99	34,258.14	115.88%	312.80%
20×2	83,725.77	81,930.23	35,906.72	102.19%	233.18%
20×1	62,579.93	69,119.09	34,086.91	90.54%	183.59%
20×0	51,523.64	63,687.31	35,554.03	80.90%	144.92%

表 8.11 为 A 酒的流动资产周转率和固定资产周转率数据。A 酒的流动资产周转率在 10 年内始终保持在 100% 左右，这说明它的流动资产盈利能力并不强。但需要注意的是，A 酒的固定资产周转率相当高。它的固定资产原来 1 元只能赚 1.44 元，现在能赚 7.36 元。这从另一个侧面说明企业的管理水平很高。

与 A 酒情况类似的企业还有可口可乐。由于不需要太多的资本性支出去购买固定资产，所以它们的固定资产周转率越来越高。

还要说句公道话。我们常将固定资产近似地看成非流动资产。总资产这块蛋糕只有这么大，流动资产多了，固定资产就会减少。同样，固定资产多了，流动资产就会减少。所以，一家企业要么固定资产周转率高，要么流动资产周转率高，二者必居其一。

有了上述认知之后，我们再来分析一下 A 百货的流动资产周转率和固定资产周转率数据，如表 8.12 所示。

表 8.12　A 百货的流动资产周转率和固定资产周转率数据

年份	A百货主营业务收入（万元）	A百货流动资产（万元）	A百货固定资产（万元）	A百货流动资产周转率	A百货固定资产周转率
20×9	855,147.61	464,999.19	93,468.65	183.90%	914.90%
20×8	706,169.94	306,147.59	97,471.34	230.66%	724.49%
20×7	588,541.14	234,971.83	101,178.89	250.47%	581.68%

（续表）

年份	A百货 主营业务收入 （万元）	A百货 流动资产 （万元）	A百货 固定资产 （万元）	A百货 流动资产 周转率	A百货 固定资产 周转率
20×6	504,373.50	202,146.43	98,756.92	249.51%	510.72%
20×5	396,710.63	146,882.01	71,685.20	270.09%	553.41%
20×4	322,430.60	127,563.17	82,273.19	252.76%	391.90%
20×3	249,737.51	109,656.68	80,241.37	227.74%	311.23%
20×2	207,990.36	101,423.17	69,427.79	205.07%	299.58%
20×1	141,991.72	81,412.24	61,893.60	174.41%	229.41%
20×0	117,634.71	79,377.58	34,263.72	148.20%	343.32%

从表8.12中不难看出，A百货的流动资产周转率10年来一直保持在150%～250%，而固定资产周转率却步步高升，甚至达到了914.90%。对于零售业企业而言，如果流动资产周转率不高的话，说明销售量不高，这也从另一个侧面证明薄利多销并非A百货的主要营销策略。然而，这只不过是事情的一个方面。另外，从固定资产周转率来看，A百货的卖场每平方米创造的主营业务收入更高，每1元的卖场资产，每年可以赚取9元以上的收入。

此时，让我们插入世界零售业大鳄沃尔玛的两组数据。沃尔玛从1971年至2007年，固定资产周转率由629%下降到437%，而流动资产周转率由367%上升至829%，销售能力可见一斑。A百货并没有像沃尔玛一样，真正地将薄利多销策略进行到底，而是采取了提升单位卖场面积内营业收入的策略。

净资产收益率，告别老太太式的抱怨

身边买股票的朋友总是抱怨企业分红什么用也没有，因为每股派发了1元，股价也少了1元，派和不派没区别。这话听起来道理十足，但我得告诉你，这是老太太的抱怨。为什么这么说呢？还是用例子来说明。

张三用2,000元做股本，发行了2,000股，每股价值1元。做了1年之后，总资产变成12,000元，每股价值也变成了6元。这时，如果你有张三公司的股份，把股份卖掉之后，每股可以赚5元。

第 8 章
只是盈利还不够，还要能持续盈利

因为张三没打算扩大经营，也不需要留存收益，所以他打算把赚来的10,000元全部给股东分红。每股派发红利5元，你得到了每股5元的现金，但张三需要把股价从6元降为1元。这时，你又要抱怨了：为什么？为什么股价降了？其实，这不是很明显的事吗？公司总资产是12,000元，2,000股。拿出来10,000元，总资产由12,000元变成了2,000元，同样是2,000股，当然每股还是1元了。

既然道理很浅显，那为什么还会有这样的抱怨呢？因为大家投资企业、购买企业股票的心态是不一样的。有的人就是把这件事当成生意来做，找人合伙做生意，为的是企业盈利了分钱，他想一直拥有这家企业。有的人是来赌博的，大家把钱拿来经营企业，经营好了赚钱，别人愿意付给他钱，他就把企业（部分企业股权）卖了，要的是短期行为。

除去直接派发现金红利，企业有时候也采取派发股票红利的方法。还是以张三的冰棍公司为例。公司的总资产2,000元，共2,000股，每股价值1元。张三说，总流通股数太少了，大家不好交易，干脆拆分吧，一送一。一送一的意思就是，你原来有一股，现在变成两股了。2,000股一送一，就变成了4,000股。

这时候，张三要把企业股票的价格下调至每股0.5元。抱怨又开始了，为什么送股还下调股价？送了跟没送是一样的啊？这也是废话，原来是总资产2,000元，共2,000股，每股1元。现在是总资产2,000元，共4,000股，每股应为0.5元。虽然股价变了，但你的总资产并没有变。

如果你对此仍有疑问，那么笔者给你介绍另一种计算收益的方法。这种方法叫作"净资产收益率"，计算方式为：净资产收益率=净利润/所有者权益。我们仍旧延续上面的例子。

还是张三的公司，2,000股一送一，变成4,000股，但所有者权益不变，还是2,000元。没送股之前2,000股，所有者权益为2,000元。假设张三赚了10,000元，净资产收益率为500%。如果一送一了呢？赚了10,000元，2,000股变成了4,000股，但所有者权益还是2,000元，净资产收益率还是500%。

净资产收益率不看股数，只用数值进行比较，这样就避开了你可能弄不懂的流通股变化情况。

净资产收益率的分子是净利润，分母是净资产。随着企业不断发展，净资产会越来越多，但净利润增长的速度未必比净资产快，这也是无可厚非的。我们有100元，再赚100元是很容易的，哪怕是翻10倍，赚1,000元，翻100倍，赚10,000元，也不是不可能的。但是你有1亿元，你能在相同的时间内，再赚1亿元吗？应该很难吧，你能保住这1亿元就很不错了，就是这个道理。

所以，随着净资产的不断增加，净资产收益率还能升高或保持不变，那这家企业就相当有竞争力了。我们找一些数据来看一下。

表8.13 A重工和B重工净资产收益率数据

年份	A重工净资产收益率	B重工净资产收益率
20×9	41.67%	6.83%
20×8	47.12%	12.15%
20×7	23.69%	18.13%
20×6	19.92%	17.93%
20×5	31.82%	23.27%
20×4	21.05%	8.68%
20×3	10.42%	3.19%
20×2	17.17%	2.23%
20×1	19.10%	亏损
20×0	44.53%	1.22%

表8.13为A重工和B重工的净资产收益率数据。A重工从20×3年陷入低谷后，突然爆发出强劲的上升趋势，一度达到近50%的净资产收益率。B重工也在20×3年之后有小幅上升，可惜没有保持住上升的态势。在净资产不断增加的情况下，还能保持如此的上升势头，在重工行业中，A重工绝对是处于领先地位的。

为什么要计算净资产收益率？除去比较企业的盈利情况，还有另一个出发点。请思考一下，我们为什么不把钱存在银行里，而要投放到企业中？净资产就是我们的钱，如果放在企业中，它的增长率小于银行存款利率的话，还不如放在银行里或者买国债。所以，净资产收益率一定要高于银行利率。

闲说

比如国家2012年年底的长期国债利率为5.32％，所以凡是净资产收益率低于5.32％的，只有立即抛售才不会让自己的收益有所损失。长期国债利率是企业净资产收益率的临界点，所以对于上市企业在公开增发新股时，证监会会审查该企业的净资产收益率，如果平均三年加权平均净资产收益率低于6％，基本上增发股份的请求就会被驳回。

此外，在关注净资产收益率的同时，我们还要关注负债率。前面曾经说过，用 100 元本金赚 1,000 元、10,000 元都很容易，但是用 1 亿元赚 1 亿元就很难。再比如，张三手头只有 100 元，他借了 1,900 元买来了冰柜。由于冰棍生意不错，张三每天都能赚 1,000 元，净收益率接近 1,000%。可如果这时候出现了一件突发事件，某天张三进了价值 200 元的冰棍，结果停电了，冰柜里的冰棍都化了。这样，张三不仅不会赚钱，还会将自己的本金都赔进去。

所以，一定要看企业的负债率。特别是在高负债、低净资产情况下，产生高净资产收益率的风险是非常大的。如果企业缺少资金了，发行新股是向股东融资好，还是向银行贷款好呢？负债经营虽然可以让净资产收益率降低，但它的风险是更大的，所以当企业向股东融资的时候，反倒是比较负责的表现。

长期盈利记录：收益可以预测吗

企业的内在价值，首先反映在资产负债表的账面价值上，但更多体现在企业未来的盈利能力上。比如，我有 100 元，存在银行里，年利率为 5%，第二年可以连本带息收回 105 元。那么，反过来，年利率为 5%，第二年可以收回 105 元，你对这项投资付多少钱？答案当然是 100 元。所以，对收益的预期，直接决定了投资者现在愿意付多少钱。

既然如此，那么收益是可以预测的吗？银行利率在短期内是确定的，所以存在银行里的钱基本上是可以预期的。投放到企业里的钱呢？你能准确地预期企业收益的增长率吗？很难，而且通常情况下会误解。为了更好地说明问题，我们给出这样三家企业的年收益数据以供验证，如表 8.14 所示。

表 8.14　甲、乙、丙三家公司年收益数据

单位：万元

年份	甲公司收益	乙公司收益	丙公司收益
20×9	550	1,000	100
20×8	550	900	200
20×7	550	800	300
20×6	550	700	400
20×5	550	600	500
20×4	550	500	600

（续表）

年份	甲公司收益	乙公司收益	丙公司收益
20×3	550	400	700
20×2	550	300	800
20×1	550	200	900
20×0	550	100	1,000
10年平均	550	550	550

光就表格内容来看，甲、乙、丙三家公司的年收益数据似乎都很有规律性：甲公司10年来的收益稳定，一直是550万元，乙公司收益每年增加100万元，而丙公司收益每年减少100万元。如果按照这一规律，那么10年后甲公司的收益可能还是550万元，乙公司可能是1,100万元，而丙公司可能连收益都没有了。不过，市场并不是做数学题，不能草率地去预测。你可能会说这是趋势，趋势告诉我们就是这样的，但趋势也有终结的时候。

另外，如果三家公司属于同一行业，还可能会受到行业平均值的影响。一旦参考行业平均值，那么现在的局面就会被打破。一直保持发展势头的乙公司可能就不再是持续盈利的，而丙公司有可能也不是盈利能力最弱的公司了。那么收益到底是不是可以预测的呢？结论是，收益不可能被精确地预测，但可以大概地预测。

对于那种模糊的预测，格雷厄姆给出了两种方法：第一种是求各年度收益之和的算术平均数，得出平均收益；第二种是考虑到企业的经营情况有起伏，某一年突然会有非常大的收益，某一年又会"溃不成军"，去掉不能代表企业真实盈利能力的数据后再求平均数，力求让那些数值都贴近平均数值。

不过，使用这两种方法有一个前提，那就是必须有企业相当长一段时间内的收益记录。所以，对于刚刚上市的公司，我们最好不做出任何判断，等它稍稍成长，再来预测不迟。我们都会有这样的判断：如果企业不赚钱，那它的价值就只等于账面价值；如果企业赚钱了，那它的价值就一定会比账面价值高。本来价值100元，因为盈利了或者你认为它有盈利能力，所以你愿意为它付120元。如果亏损了呢？乐观的投资者会花50元、80元买进，而悲观的投资者就会不屑一顾了。如果企业一年赚钱、一年亏钱，怎么办呢？

先不要着急回答，我们还是先来看一个例子。比如，你是一个出租车司机。你的愿望是每天赚200元，然后回家吃饭睡觉。通常情况下，要每天工作10小时才能赚200元。但是，也有例外的时候。比如夏天到了，天气多变，天气晴朗的时候，每天要多工作 10 小时才能赚 200 元，但雨天的时候，只要工作两小时就可以赚 200 元。如果工作环境是可以选择的，你会怎么选呢？

为了得到真实的数据，笔者曾问过许多当出租车司机的朋友。总结大家的回答之后，笔者发现有超过半数的人的答案都是"每天赚 200 元心里有底，雨天出去干两小时后回家，后面不干了"。可笔者不这么认为。我们完全可以晴天整天在家睡觉，雨天出去干 1 天。哪怕 5 天下一次雨，干 1 天也会赚回 5 天的钱。或者干脆，无论晴天、雨天，都去干 10 小时。

这个例子说明了一个什么问题呢？我们拿到企业的长期收益数据，仔细观察就会发现：年景好的时候，企业可以赚出比平常年景高两三倍的利润，甚至更高；年景不好的时候，可能就会亏损。那好年景多赚出来的利润是不是可以弥补坏年景的亏损呢？我们是不是要看企业的长期平均收益能力呢？举一个极端的例子。某企业去年亏损 1 亿元，今年又赚回来 1 亿元，那是不是持平呢？企业的价值是不是不变呢？那股价为什么会有这么大的波动呢？

市场永远是情绪化的，它不是太悲观，就是太乐观。市场是谁？市场是你，是我，是他，是所有参与市场交易的人的集合。如果不认真算账，不认真思考问题的本质，那你就只能永远处于亏损之中。格雷厄姆认为，需要坚毅的性格和理性的态度才能做到这一点。如此，我们便可以利用市场这样悲喜不定的性格，在它给出的价格高于企业真正的内在价值时卖出，在它给出的价格低于企业真正的内在价值时买进。

既然如此，那么像表 8.14 中的乙公司该如何预估未来的收益？丙公司呢？面对像乙公司一样好的企业，给它估值，不能越估越好，因为监管、竞争、收益递减法则将会削弱这种无限上升的势头。所以，格雷厄姆的方法可能会更实用一些：第一，面对收益呈上升势头的企业，对其下一个年度的预估值，不宜高于已经取得的最高收益数据；第二，面对收益呈下降势头的企业，要先定性，再定量。

第 9 章
资产管理，是科学也是艺术

什么是资产结构呢？如果从企业的角度来说，就是流动资产和非流动资产的问题。非流动资产资金多，流动资产资金少，生产出来的商品会很多，但流动性就差了。相反，流动资产太多，可能会导致资金闲置。

积极型和防守型，你是什么类型

在生活中，保守型的人通常把钱存在银行里。你跟他说："哥们儿，把钱拿出来买股票、炒期货吧！"他肯定不会同意。不过，也有例外，如果你说"买房子吧"，他可能会考虑一下。保守型的投资者通常把现金看得很重要，宁可贬值，也不进行任何一项风险投资，哪怕风险很小也不行。他们要随时以防万一，随时应对可能出现的各种意外情况。

还有一类人，他的口头禅就是"资金短缺啊"。平时连找他吃饭都很困难，但他参与的项目很多，一天到晚忙忙碌碌。他几乎将所有的钱都投到了生意中，以至于一有意外状况来临，就会陷入资金短缺的窘境。

企业的日常运营也和我们的生活大同小异。它们的资产主要分为流动资产和非流动资产两大类。比较保守的企业，它的流动资产相对来说很高。银行说你还债吧，它立刻能还上。供货商说你还债吧，它也能立刻还上。但同样一块蛋糕分为两块，一块大，另一块必然就小。所以，它的非流动资产相对就小。

企业生产靠的是什么？靠流动资产吗？需要靠设备和生产流水线。这些少，产量就会变小，企业的发展就会受到影响。不过，非流动资产占优的优点也是很明显的。当经济环境恶化时，保守型企业会事先预留出大部分的流动资产，以策万全。

而发展、发展、再发展则是激进型企业的标签。激进型企业多半都正处于成长期，几乎将所有流动资金都投入到了扩大生产中。此类企业的优点是给它一些时间发展潜力，它可能会为你带来惊喜，缺点则是时刻受到资金链断裂的威胁。如果陷入无限扩张的怪圈，企业就会失去发展活力，甚至破产。

了解了保守型企业和激进型企业的特色，作为投资者的我们在投资之前最好能清楚地了解到自己想要投资的企业目前正处于什么环境，是该发展还是应该固守。如果经过分析，你发现企业的发展有一定的问题，那就需要再考察另一家企业了。

另外，我们做分析讲究的是量化，凭感觉拍脑袋做决定是非常不科学的。那么，流动资产和总资产之间有没有适当的量化标准呢？

对于传统行业来说，流动资产占总资产的比率在30%～60%之间，而批发商这类企业要更高一些。当然，还有一些隐性的因素。如果这家企业的领导层的平均年纪轻一些，那无论属于什么行业，他们都可能会做出一些激进的决策，会更有活力。而领导层的平均年龄偏高的话，那他们做决策的时候，更可能会保守稳健一些。这种现象在家族企业中常见，特别是新、老两代交接的时候，这种情况会更加明显。

如果一家企业的流动资产一年比一年少，我们就要注意了，这说明变现能力差了，风险越来越高了。如果不能在短期内解决，最好减少对其股票的持有量。

股东权益比率：一块蛋糕你占多少

对于资产结构的分析，首先要看的就是总资产中净资产有多少、负债有多少。这点很重要。有人说，我有100元的总资产，你来投资吧。这时，我们不能光看总资产。如果这100元里只有1元是他自己的，其他都是借来的，那么还能对他进行投资吗？恐怕遭遇风险比获益的可能性大多了。所以，对于企业来说，明确自己有多少净资产才是当务之急。

净资产就是所有者权益。我们分别用净资产和负债总额除以总资产，得出来的比率就是股东权益比率和资产负债比率，这两种比率相加得出的和就是100%。如果不是100%，那一定是出了问题。我们还是拿之前提到的企业来做一个对比。表9.1、图9.1和图9.2为A机场和B机场的总资产与股东权益比率数据。

表9.1 A机场和B机场的总资产与股东权益比率数据

年份	A机场总资产（万元）	A机场股东权益比率	B机场总资产（万元）	B机场股东权益比率
20×9	1,063,946	66.63%	1,891,995	81.87%
20×8	1,129,051	59.88%	1,750,177	81.17%
20×7	1,123,136	56.85%	1,695,989	76.41%
20×6	902,107	66.89%	1,728,110	71.21%
20×5	911,123	62.96%	1,604,310	72.37%
20×4	750,098	58.10%	1,205,714	84.13%
20×3	784,622	52.93%	957,269	95.18%
20×2	784,493	52.72%	818,491	96.70%
20×1	431,658	90.12%	708,952	86.67%
20×0	166,809	77.29%	673,700	79.38%

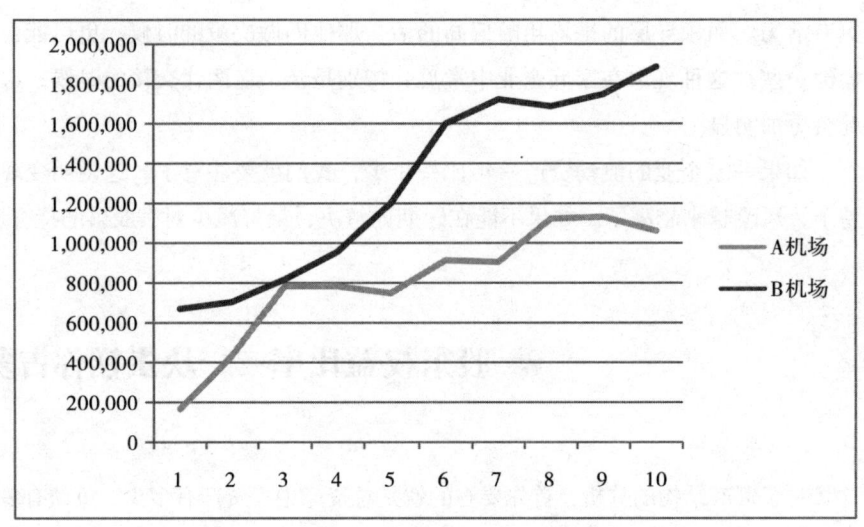

图 9.1　A 机场和 B 机场总资产折线对比

注：以 20×0 年为第 1 年。

从总资产的折线对比图来看，B 机场的起点比 A 机场高，毕竟 B 机场是老牌的机场。如果我们将 20×0 年到 20×9 年 10 年间按平均增长率来计算，A 机场总资产平均年增长率为 20.13%，而 B 机场只有 7.84%。如果从这个角度看，貌似 A 机场发展得要比 B 机场更快一些。不过，这并不是事情的全部，我们还需要另外一组数据的对比——股东权益比率的比较。

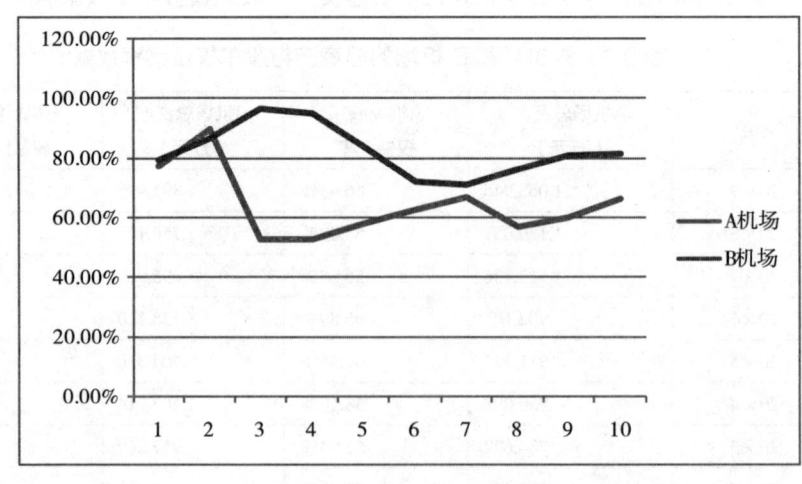

图 9.2　A 机场和 B 机场股东权益比率折线对比

注：以 20×0 年为第 1 年。

图 9.2 这张图就暗藏玄机了。虽然从总资产方面，A 机场比 B 机场增长得更多，但是不是有可能 A 机场借的钱比 B 机场更多呢？经过 10 年的经营，伴随着 10 年总资产不断的上涨，B 机场的股东权益由 79.38% 到了 81.87%。也就是说，20×0 年的时候，B 机场的净资产为 534,783.06 万元，到了 20×1 年净资产为 1,549,067.31 万元，年平均上涨为 11.15%。仔细算一下 A 机场也不弱，资产管理，净资产年平均增长为 18%。

因为机场类企业涉及人们日常的出行，而且随着生活水平的不断提高，乘飞机出行的人越来越多，所以我们在分析企业的经营状况时，万不可只看它的总资产增加得有多快，一定要把本质的东西找出来，看净资产的增幅到底有多大。如果总资产不断增加，而净资产却不断减少，那企业一定是借了很多钱，并且越借越多，风险也就越来越高。

虽然 A 机场的净资产年平均增幅也不弱于 B 机场，但它的股东权益比率没有 B 机场高。这就意味着，A 机场比 B 机场担负着更大比例的负债。

如果你是 A 机场的债权人的话，这个企业大部分的经营资产都是借你的钱来运作，那么大部分的风险就是由你来承担了。对你来说是好还是坏呢？你借给它钱，当然希望你的风险越小越好。所以，从债权人的角度来看，企业的负债比率越小越好，股东权益越高越好。

如果你是 A 机场的股东呢？你的钱和债权人的钱都在里面呢，所以风险是一样的。企业借钱，如果赚的钱能够还得上利息，并且能赚更多，这是最好的结果。但如果借钱经营的结果不如预期，还得从自有利润中扣除一部分来付利息，那就得不偿失了。所以站在股东的立场上有两种观点：若借钱能赚更多的钱，超过付利息的钱，负债比例适当放大当然最好；如果经营效果不好，还要负担更多的利息，那负债比例越小越好。

产权比率：欠的多还是有的多

说到产权，顾名思义，就是属于我们自己的东西。可是，这种说法也不是绝对的。有时候，就连我们自己也不清楚这东西到底是谁的。

举个简单的例子。比如，我有 100 元现金，还有一台价值 2,000 元的笔记本电脑，但同时欠着 20,000 元的外债。那么这 100 元现金和笔记本电脑的产权还是我的吗？应该是的，100元还在我身上揣着，笔记本电脑我也一直在用着；好像又不是，因为就算加上二者，我还欠别人17,900元。那这100元现金和笔记本电脑到底属不属于我呢？也正因为有这样的顾虑，所以我们在解决产权问题之前有必要先讲一下负债的问题。

长期负债和流动负债不同，它有归还的日期，并且时间都很长。所以，长期贷款通常用于资本性投资、买设备或生产线等。因为这些东西与当期摊销的收益性投资不同，是长期摊销的，到期的时候，钱也赚得差不多了。遗憾的是，长期负债最怕遇到不景气的经济。一旦赶上了这样的经济周期，再加上还款期已至，今年必须归还，但这段时间内，还没赚到钱，那企业就基本上面临着倒闭清算的命运了。所以，企业一定要计算长期负债在总资产中所占的比率。

公式说

长期负债比率 = 长期负债 / 总资产

长期负债如果没问题的话，再看负债总额。用负债总额除以净资产得出产权比率，就知道这些东西到底有多少是我的。一块蛋糕分为所有者权益和负债，所有者权益就是我的，负债就是别人的。将二者相除，得出的结果就是产权比率，就能看出是别人在企业资产中占得多，还是自己占得多。

这个产权比率究竟有什么用呢？通过它，我们至少能清楚企业的还债能力。如果所有者权益占比较大，企业还债就会变得容易些。其实，清楚还债能力还是次要的，最重要的是要看企业的财务结构是否健康。

负债和所有者权益都是投入企业的钱，都是企业的资金来源，我们在现金流量表的"钱从哪里来"中说过这个问题。如果别人占得多，那么企业的资金来源肯定大部分是借款；如果自己占得多，那么企业的主要资金来源就是投资者。二者之间的差别不言自明。产权比率越低，说明别人占得越少，自己占得越多。这样一来，有两个好处：第一，偿债能力更高，企业更安全；第二，适当的负债比例可以利用负债财务杠杆，经营好的话，能增加企业的利润。

当然，还有例外的情况。如果遇到恶性通胀的情况呢？借的钱数额是固定的，借100元就要还100元，但100元原来能买一袋大米，现在只能买半袋了。换句话说，就是购买力下降了。但购买力下降并不影响还债，我借多少还多少。所以，在通胀率很高的情况下，借给别人钱，债权人就要承担更多的风险和损失。

第 9 章
资产管理，是科学也是艺术

我们常说风险和收益是成正比的。按照"正确的时间做正确的事"的原则，经济繁荣的时候，也是通胀率高的时候，适当地提高负债比例，产权比率增高，这样的结构被称为高风险、高收益的资产结构。相反，经济萧条的时候，通胀率低，再借钱就不划算了，可能你今天借的钱能买一袋大米，第二天就能买两袋了，购买力升高。赚钱就很难了，但还是本着借多少还多少的原则，平时赚 1 元钱的力气，这次得用赚 2 元钱的力气来偿还了。这是低风险、低收益的资产结构。

其实，正常情况下的产权比率也有一个标准，就是 1.2。当负债的总额接近企业所有者权益 1.2 倍的时候，我们就应该警惕负债过高了。还是来看实例，表 9.2 为 A 酒和 B 酒产权比率数据。

表 9.2 A 酒和 B 酒产权比率数据

年份	A酒负债（万元）	A酒净资产（万元）	A酒产权比率	B酒负债（万元）	B酒净资产（万元）	B酒产权比率
20×9	233,044	258,131	90.28%	94,174	50,693	185.77%
20×8	139,619	205,962	67.79%	86,170	42,838	201.15%
20×7	71,645	179,215	39.98%	77,839	40,074	194.24%
20×6	52,795	158,741	33.26%	74,911	36,502	205.22%
20×5	48,441	140,207	34.55%	65,746	34,787	189.00%
20×4	45,115	111,857	40.33%	46,739	33,012	141.58%
20×3	33,759	94,646	35.67%	32,451	33,664	96.40%
20×2	29,509	87,909	33.57%	29,749	34,655	85.84%
20×1	23,517	82,043	28.66%	22,528	34,500	65.30%
20×0	24,067	78,434	30.68%	26,544	32,848	80.81%

A 酒在 20×7 年以前产权比率一直处于 50% 以下，说明它在此之前一直是低风险、低收益的资产结构。20×8 年以后，这个数据迅速抬头，说明 A 酒进入了高风险、高收益的资产结构模式。

另外，从表 9.2 中，我们也能看出资产结构的转变。20×7 年以前，A 酒净利润的年增长都在 1 亿元左右，而 20×9 年的净利润却比 20×8 年一下子增长了 2.9 亿元，翻了 2 倍。不过，这时我们也需要注意，虽然产权比率变高，有了高收益，但同时也伴随着高风险。A 酒在逐渐逼近 1.2 的临界值。

再看 B 酒。我们不止一次在利润表中见到过它的净利润和毛利润。它的产权比率在 20×0 年到 20×3 年这 4 年中，处于临界点以下，其他时间都在 100% 以上。虽然从数字上来看，它也是高收益、高风险的资产结构，但从它的利润表中，我们好像只看到风险而没看到多大的利润。尽管产权比率最高时达到了 200% 左右，但它的总资产分成 3 份，有一份是自己的，其他两份都是借的，风险太高了。

这时，你可能还会有一个疑问：所有者权益比率和资产负债率有什么区别？虽然分母不同，但只要稍微懂一点数学知识，就可以通过一组比率公式算出产权比率。分别算它们有什么意义呢？诚然，在偿债能力问题上，资产负债率和产权比率起到的作用是相同的，但二者的侧重点并不相同。前者侧重分析债务偿付的安全性，而后者更多地关注财务结构的稳健程度以及用自有资金偿还债务的风险承受能力有多大。所以，产权比率比资产负债率显得更直观一些。

有息负债：有负债先还谁

继续说负债的问题。上一节的开头说到了长期负债的问题，而对于长期负债来说，我们有更详细的公式可以解释。

公式说

长期负债比率＝长期负债/总资产

资本总额比率＝长期负债/（长期负债+股东权益总额）

流动负债率＝流动负债/负债总额

由于涉及长期负债比率的公式在上一节已经进行了详细讲解，现在我们集中精力讲解后两个公式。先说资本总额比率。

股东所出的股本是不能直接抽回的，所以它基本上属于永久性投资。而另一项长期借款在时间上也可以理解为别人对自己的长期投资。所以长期加长期，一个是负债，一个是自有资金。那就看看负债的长期投资占长期投资总额的比率是多少。

不要小看这个比率，在财务报表分析中，这是对于负债比率分析最有价值的一种方法。更有意思的是，尽管这个比率意义非凡，却难有统一的标准。比率越低，说明他人在自己的长期投资中所占的比率很小，自己还债的压力就越小，反之压力就越大。不过，非要给它加一个量化值的话，通常认为35%是一个临界点。大于35%，长期负债的还款压力就大；小于35%，基本上处于可以接受的限度之内。

说完了资本总额比率，再来看一下流动负债率。负债通常情况下可以分为流动负债和非流动负债两类。其中流动负债是有还款压力的，短期内或当期内必须归还。而非流动负债却是可以在很长时间之后再偿还，短期内没有压力。流动负债率越高，短期内的财务状况就越艰难。当然，并不是说流动负债越少越好，而长期负债越多越好。

现在问题来了，不论哪种负债，终归都是负债。那么企业盈利在之后，先还谁后还谁呢？这也是个学问。为什么还债还有先后之分呢？当然有，有些负债是要利息的，而有些负债不要利息，要先还要利息的。

在企业中，利息是算作财务费用的。在收入不变的情况下，费用越高，利润越少。所以企业要还债，最好是先还有息贷款。关于这一点，我们也有一个公式来计算。

公式说

有息负债率=（短期贷款+一年内到期的长期负债+长期借款+应付债券+长期应付款）/股东权益总额×100%

无息负债不会再增加企业的负债，有息负债则会在不动声色中增加企业的负债。当有息负债比率达到1时，就达到警戒线了。如果比率高于1，那么全部净资产还款都不够用，而且即使如此也不能阻挡负债的增加。如果比率一直小于1就好了。当然，比率为1是安全与危险的分水岭，并不是说99%就没关系了，就可以高枕无忧了。

负债当然是越低越好了。一切事物都是有风险的，在金融风暴中倒闭的百年企业比比皆是，所以不能当成儿戏。不过，为了更好地说明问题，我们还是需要比较一下各企业之间的不同。

表9.3为A百货、B百货的有息负债比率数据。从表中不难看出，除去20×6年，A百货的有息负债总额整体呈逐年递减的趋势，而净资产却逐渐增加。折旧导致了它的有息负债比率越来越低，20×9年甚至低于1%。再来看B百货。同前者相比，它的发展就显得不尽如人意了。即便是比率最低的时候，也有

77.63%。也就是说，100元的净资产就要负担77.63元的负债，并且是有息的，如果不偿还负债的话，负债还会增加，财务风险越来越高。到20×9年为止，它的有息负债比率已达到历史最高点202.70%。

表9.3　A百货和B百货有息负债比率数据

年份	A百货有息负债（万元）	A百货净资产（万元）	有息负债比率	B百货有息负债（万元）	B百货净资产（万元）	有息负债比率
20×9	2,182	268,108	0.81%	335,600	165,562	202.70%
20×8	3,307	165,092	2.00%	189,000	148,748	127.06%
20×7	12,505	130,901	9.55%	93,729	120,731	77.63%
20×6	34,273	118,725	28.87%	121,700	93,102	130.72%
20×5	27,734	100,806	27.51%	152,500	82,838	184.09%
20×4	41,278	89,307	46.22%	116,748	81,589	143.09%

其实，企业负债率高也是零售类企业的一大特色。同属零售类企业，A百货和B百货也不例外。它们采取的方法也多是向供应商赊购，而且这种赊购通常就相当于无息贷款。另外，在没有意外变化的情况下，企业的负债不会无故增多。综合这两方面的内容来看，投资者如果要投资零售类企业的股票，就需要注意相关企业的有息负债比率数据了。

资本周转率：企业倒闭的第一诱因

关于资产结构的分析，最主要的就是债务问题。一家企业如果没有债务，那一切都变得简单了。我们根本就不用分析它的资产结构，只看它的现金流量、财务弹性和盈利能力就可以了。但有了负债，就必须先说负债，为什么负债这么重要？因为索取权的问题。

前面大部分篇幅一直在讲短期负债的还款压力，还要计算各种比率，以便确定今年有没有还款压力，以及财务上有没有风险。如果短期负债没问题，那就要看长期负债了。长期负债的利息率通常比短期负债高得多，并且一旦到期，将是巨额还款量，一定要加以重视。

第 9 章 资产管理,是科学也是艺术

公式说

衡量长期负债偿债能力的比率为资本周转率:

资本周转率=(货币资金+短期投资+应收票据)/长期负债合计×100%

这个公式可以反映出企业清偿长期负债的能力。

无论短期借款还是长期借款,最后肯定都是要用现金偿还的。什么能变现呢?当然是流动资产。所以,资本周转率这个计算公式就是看你的流动资产占长期负债的合计的比率是多少。

另外,我们还需要注意一点,那就是资本周转率这一指标并不是单独使用的,它还需要配合其他指标一起用。比如说,本期这个比率确实没有反映出财务风险,但是长期负债不是本期内就结束了的,后面还有很长的时间呢!5 年到期的长期负债,第一年数据挺好,可后面 4 年不好就麻烦了,需要长期关注。因此,我们还需要关注企业今后几年的现金流净流量,关注它的盈利能力。因为是长期负债,就得长期看。

像 A 酒,据可统计的数据来看,从 20×4 年到 20×9 年没有长期负债,所以这个指标对它来说是没有用的。对于那些负债大户来说,它的作用就非常大了。我们不止一次说过,当期经营的好坏通常不是企业倒闭的主要原因,而即将到期的巨额长期负债,常会将企业一剑封喉。

A 酒没有长期负债,我们看 B 酒的数据,如表 9.4 所示。

表 9.4 B 酒资本周转率数据

年份	货币资金(万元)	短期投资(万元)	应收票据(万元)	长期负债(万元)	资本周转率
20×9	4,890	0	1,356	6,000	104.10%
20×8	4,977	0	58	11,550	12.00%
20×7	1,207	0	23	10,250	48.90%
20×6	2,934	0	0	6,000	48.90%
20×5	14,214	0	2,336	0	—
20×4	5,425	0	49	7,950	73.38%

相比较而言,20×9 年是 B 酒最舒服的一年,因为没有长期负债,而 20×8 年是最难过的一年,资本周转率只有 12%。如果一直按 20×8 年的速度赚钱,需要 9 年才能把钱还上。20×9 年有了转机,该比率达到了 100% 以上。现在看来,

B 酒长期负债的还款压力还是很小的。当然,我们也说过,因为它是长期负债,不能只看当期的数据,还要看长期的数据。从最近两年的数据来看,这 3 项流动资产的增加额削弱了 B 酒偿还长期负债的能力。

分析完了 B 酒,让我们继续讨论负债问题。还拿水浒好汉来做例子。大家还记得打虎将李忠吗?最被鲁智深瞧不起的人,曾被花和尚丢还了二两银子。李忠这类人通常没有什么无形资产。如果他有 1,000 两银子,欠你 100 两,你担心这钱会要不回来吗?如果他不拿出强盗本色来,估计你是可以要回来的。

再说回来,鲁智深的无形资产相当地高,但我们知道他对钱财的态度,可以说他几乎没什么积蓄。如果鲁智深欠你 100 两银子,你觉得他有可能还给你吗?这也从侧面说明一个问题:衡量偿还债务的能力时,不能把无形资产看得太重。也正因为如此,我们需要重视有形资产的变现能力。

公式说

有形资产净值债务率=负债总额/(股东权益-无形资产净值)×100%

该指标主要是给债权人看的。当然,并不是说它对股东来说就不起丝毫作用了。其实,从某种意义上来说,股东就是企业的债权人,只是这笔债务不能追还本金,而利息,全看债务人的经营情况而定。另外,需要注意的是,当有形资产净值债务率为 1 时,就达到警戒线了。

这时,问题又来了:既然有形资产才是最重要的,那还要产权比率干什么,直接计算有形净值债务不就可以了吗?其实,意义会大不一样。在企业还没倒闭的时候,无形资产是企业的核心竞争力,比如可口可乐的配方、茅台的酿造方法。就算无形资产不能准确量化净值,有形资产也未必就能准确地定价,每个人眼里每个东西的价值和价格都是不一样的。为什么一家企业的股票,每天价格会不停地波动呢?就是因为每个人给出的报价不一样。

固定资产与股东权益比率:永久的长期投资

在理论上来说,股东的投资是不能直接变现的。如果想要变现,只能转让股份。所以,这部分钱对于企业来说就是本金,叫作"股本"。股本的作用是什么？主要用于购买固定资产。众所周知，固定资产的变现能力是最差的，并且它本身并不以变现为目的。所以，在分析企业的资产管理之前，我们还要计算一下股东投资的钱有多少用于投资固定资产了。

公式说

固定资产与股东权益比率＝固定资产总额/股东权益总额

如果股东投资的股本买了企业生产运营必备的固定资产之后还有余钱，说明这个比率小于100%。这样的话，资本结构相对来说就很稳定。如果长期负债到期了，因为股本还有余钱，所以也不用把企业赖以生存的固定资产变卖了还钱。与此同时，这部分余钱，还能作为企业经营的流动资产来用。

相反的，如果比率过高，高于100%，股东投的钱买固定资产都不够，那就得举债购买。这样，企业的资本结构就会变得不稳定。一旦出现了突发性问题，需要现金却没有，企业就只能卖固定资产了，这样财务风险非常大。

对于固定资产和股东权益比率来说，也有一个量化的值。最常用的为66%的股东权益用来购置固定资产，34%用来做流动资产。为了更好地说明问题，还是让我们看一下具体数据。表9.5为A酒、B酒的固定资产和股东权益比率数据。

表9.5 A酒、B酒固定资产和股东权益比率数据

年份	A酒 固定资产 （万元）	A酒 所有者权益 （万元）	比率	B酒 固定资产 （万元）	B酒 所有者权益 （万元）	比率
20×9	60,965	258,131	23.62%	36,643	50,693	72.28%
20×8	43,620	205,962	21.18%	36,669	42,838	85.60%
20×7	46,451	179,215	25.92%	36,320	40,074	90.63%
20×6	42,093	158,741	26.52%	39,811	36,502	109.07%
20×5	33,025	140,207	23.55%	29,511	34,787	84.83%
20×4	32,089	111,857	28.69%	31,879	33,012	96.57%
20×3	34,258	94,646	36.20%	22,705	33,664	67.45%
20×2	35,907	87,909	40.85%	21,208	34,655	61.20%
20×1	34,087	82,043	41.55%	17,343	34,500	50.27%
20×0	35,554	78,434	45.33%	17,083	32,848	52.01%

我们在前几章不止一次比较过酒类企业和重工类企业的差别。对于酒类企

业来说，固定资产最大的也就是酒窖了，并且酒窖能用很多年，如果不是遇到地震、火山爆发、泥石流的话，从理论上说可以一直用下去。赚了钱对酒窖等固定资产的再资投入几乎微乎其微，如果不想扩大再生产的话，资本性投资可以为零。所以，钱越赚越多，固定资产和股东权益的比值会越来越低。A酒就是如此。

但是，反观B酒，随着所有者权益的不断提高，它的固定资产也越来越多。从前面的相关图表，我们可以得知，这都是存货过多所致。所以，现在B酒最主要的任务是卖出存货，而非购买新的固定资产。

固定资产变现能力最差，它本身也不是用来直接出售来赚取利润的东西，并且是在多个会计期间进行长期摊销的。所以，一般都用长期资产来购置固定资产。我们刚刚说了，股东权益用来投资固定资产，还有一项长期资产就是上一节说到的长期负债。为什么要向银行借长期贷款？因为它们都是相对应的。短期负债通常用于当期的成本和费用，而长期对长期，对应到长期摊销的固定资产上。

公式说

引申出来的比率公式为：

固定资产/（长期负债和+股东权益总额）

与上一个比率计算方法不同的是，分母多加了一项长期负债。

如果说固定资产对股东权益的比率以100%为临界点的话，有些企业对于资本化投资过分依赖，自己筹的钱不够用，再借一些也无可厚非。那么固定资产对长期资金的比率就是对于这类企业的一个过渡比率，分母更大一些。如果这项比率的值再高于100%，那不论什么样的企业，其在资产结构和财务结构上风险都是比较高的了。

经营周期：从现金到现金

企业的经营过程就是"现金—原材料—存货—应收票据（应收账款）—现金"的过程。能不能把钱赚回来，取决于存货能不能卖得出去，卖多少，卖得快不快。

举个简单的例子。比如，张三每天能卖100根冰棍，那么他每天上货的数量

第 9 章
资产管理，是科学也是艺术

应该保持在 120 根左右。如果每天都进 500 根，冰棍就会大量积压，流动资金也会被大量占用。如果每天进 80 根呢？很明显，不够卖的，时间长了还会影响利润。所以，小小的存货里面隐藏着大学问。在存货上投入多少钱是有讲究的。而存货周转率就是来计量这一问题的。

公式说

存货周转率 = 销售成本 / 平均存货余额

按照每天保持冰柜里有 120 根冰棍，每根冰棍 1 元计算，平均存货余额就是 120 元。一天卖 100 根，一年就是 36,000 根（默认一年为 360 天），那一年的销售成本就是 36,000 元。这样，张三的存货周转率为 300。

存货周转率还有一个名字，叫作"存货周转次数"。也就是说张三的存货周转次数为 300 次。再说细一点，就是张三的冰柜装满了 300 次，卖光了 300 次。存货周转率越高，说明变现能力越强，也说明投在存货上的资金周转得越快。

存货周转率也可以理解为投入存货的钱在周转的过程中赚了几次钱。张三的存货周转率为 300 次，投入到存货的钱为 120 元，也就是说，这 120 元在一年中运转了 300 次，赚了 300 次钱。如果张三的平均存货余额为 150 元，存货周转率为 240，那这 150 元只运用了 240 次。

如此来看，既然是存货周转率越高越好，那就降低分母吧，分母越小，得出的商越高。那可不一定，假设张三理论上平均存货余额为 1 的时候最低（分母最低）。每天只进 1 根冰棍，那也不够卖啊。1 根冰棍的销售成本也只有 1 元，360 天的销售成本为 360 元，除以存货余额，存货周转率等于 360。看着是挺高，可赚不到钱。1 根冰棍赚 1 元，360 天才赚 360 元。这样算也不对。所以，在收入没有增加的情况下，存货周转率高也并不能代表什么。最主要的是存货量一定要能供得上销售。还有一点需要交代的是，如何计算平均存货余额，用期初存货量加期末存货量的和除以 2。

与存货周转率相关的还有一个概念叫作存货周转天数，用 360 天（默认每年 360 天）除以存货周转率，也就是说，几天能周转一次。张三的存货周转率为 300。用 360 天除以 300，为 1.2。所以，张三的存货周转天数为 1.2 天，1.2 天内存货就周转一遍。

如果存货周转率过低，说明存货量有些大了，第一应当增强销售力度，第二应当减少生产数量。

在"现金—存货—应收票据（应收账款）—现金"这条链上，存货周转的问题说完了，还要看一下应收账款的周转问题。

公式说

应收账款周转率 = 当期销售净收入 / 平均应收账款余额

这里有一个问题需要特别注意，那就是公式中用的是"应收账款"，而非"应收票据"。应收票据也是别人欠我们的钱，为什么不计算它呢？因为应收票据相对于应收账款来说，风险更小一些。应收票据主要是银行汇票、商业汇票等。银行汇票几乎没有风险，商业汇票是拿企业的信誉为担保的，所以大部分企业都会履约，如果不能履约，也会转入应收账款中。几乎无风险的为应收票据，有风险的都归为应收账款，我们只计算有风险的。

从企业的角度来讲，我们欠别人的钱，越晚还越好，别人欠我们的钱，越早还越好。所以，应收账款周转率越高越好，这表明别人还我们钱的速度越快，应收账款也有周转天数公式，和存货周转天数算法相同。

公式说

应收账款周转天数 = 360 / 应收账款周转率

在应收账款周转率的公式中，分子是经过改动的，理论公式的分子是"赊销收入净额"，可是因为它属于商业机密，所以只能用销售净收入作为分子了。应收账款记录在资产负债表中。我们知道资产负债表是存量表，它只是记录某一时刻的数据，所以应收账款也具有这样的特性。也就是说，应收账款是静态数据而已。

如果我们要求债务人还债，对方可能会因为季节性、偶然性及一些人为的因素而不能及时还钱。比如啤酒企业欠我们的钱，可是到了冬天，它们的销售情况不好，可能暂时没钱还给我们，那只能等明年夏天了。因为有这种情况，最好采取多点长期平均的数据，这样能包容一些偶然性因素，更能准确地表达应收账款的问题。

另外，由于应收账款本身具有一定的风险性，所以企业每年都要按比例计提应收账款的坏账。比如张三卖冰棍，收入1,000元，但有500元是旁边商铺赊购的，这500元就是张三的应收账款。这钱有可能收不回来，所以要按比例计提

10%的坏账比率，应收账款可能收回450元。如果计提了坏账，计算上的问题就会出现了：没提坏账之前，分母为500元，计提了坏账，分母为450元。分母变小，应收账款周转率越高，但这样的比率变高是对张三有利的吗？

所以，如果企业出现计提坏账准备比率较大的情况，就要把它还原，按没计提坏账准备的情况来计算，才能客观地计算出它的应收账款周转率。

无论我们计算存货周转率还是应收账款周转率，都没有给出绝对的定论，并不一定是越高越好。存货也好，应收账款也好，最终我们要的是现金。为什么会有应收账款？因为我们卖了产品，由于销售才会产生应收账款。尽管如此，我们还是希望在销售量增加的前提下，尽可能减少应收账款的增加。当然，更多时候，应收账款还是随着销售量增加的比例而增加。与此同时，现金存量和经营活动产生的现金流也要随之增加。如果只有应收账款增加、现金却减少的话，那就成了"盈了一屁股债"了。

当应收账款变现之后，一个经营周期就完成了。几乎每家企业都要经历筹资现金、买入原材料、生产出成品、卖出去、收回应收账款的过程。企业就是这样周而复始地经营的，从现金到现金，这就是一个经营周期。把货卖出去了，算不算经营周期就结束了呢？不算，一定是把应该收的钱收回来才算，钱收不回来，从理论上说，无法再投入下一个经营周期的生产。所以，一定是从现金到现金，才是一个完整的经营周期。

既然从现金到现金的过程才是一个完整的经营周期，那么从存货周转到应收账款周转结束，一共是多少天，这个天数就是经营周期的天数。存货10天能周转一次，应收账款15天能收回，那么15天就是它的经营周期。

市盈率：多少年能回本

在本书的开头，我们就已经开宗明义，学习财务报表分析的目的就是要看企业是否值得我们投资，其中它的股票售价是否合理是考量的重要标准。如果标价较低，并有一定的发展潜力，我们就买进并持有；如果标价过高，那就可以放弃了，另找其他物美价廉的机会。其实，股票售价是否合理不仅是企业的事情，也是向投资者提出的一个问题。到底企业给自己的股票标出的售价是多少才算是合理的呢？最简单、最直接的方法就是用市盈率来计算。

举个简单的例子。你和朋友甲合作开一家公司，每人各拿1,000元。这样，公司的总资产就是2,000元，也可以看成分为两股，每股1,000元。第一年，公司赚了200元，总资产为2,200元。这时，你突然有其他的原因，举家要搬到其他的城市，生意没办法做了，你要把自己的股份卖出去。朋友乙说："我看这生意挺赚钱，卖给我吧。"这时，问题来了，请问你的股份卖多少钱最合理？

目前，公司的总资产是2,200元，你占有一半的股份，为1,100元。看起来，1,100元这个价格是最为合情合理的。可是，你想过没有，这样年回报率为10%的生意，是你和朋友甲首先发现的，并且在这一年中，你付出了心血，承担了风险，最后就这样按原价直接卖给了朋友乙，是不是太不划算了？朋友乙不用花费一点精力，不用承担一点创业时的风险，接手生意以后，按照公司现在的经营模式，每年便可轻松获得10%的回报。这岂不是太容易了吗？

那么出价多少才合适呢？你要仔细考量一下所有的因素，再做决定。因为毕竟不是项亏损的生意，而是10%年回报率的公司啊！当然，可能一时间你很难做出决定。那就让我们一起来仔细分析一下，应该如何出价。

我们把现金投入某一项生意的目的是什么？当然是赚取更多的现金。但是有没有比做生意、开公司更稳健一些的做法呢？请注意，这里说的稳健是指最大限度的稳健，第一要能收回成本，第二要有固定的相对最大化收益。这两项都满足了，才能说得上是稳健的投资。

考虑第一条，存到银行是一定能收回本金的，而且肯定能收回本金。除了银行，投入到任何一项投资中，都可能血本无归。但你放到银行，如果是存短的话，那么利息收益几乎不在考虑的范围内。想要获得高利息，那一定要存定期，并且是长期存定期——5年或10年。因此，满足第一条的投资，我们给出的答案也只能是银行的定期存款了。

再考虑第二条，我们要有相对最大化的收益。跟存定期同样安全、利息收入更高的投资有没有？仔细想一想，还是有的，那就是长期国债。国债通常都会比定期存款的利息高。2012年1月的数据显示，我国1年期国债利率为3.85%，3年期国债利率为5.58%，5年期国债利率为6.15%。而我国1年期定存利率为3%，3年期定存利率为4.25%，5年期定存利率为4.75%。相应地，国债都比定存的利息收益高很多。

基于以上两点考虑，风险较小的投资就是银行的定期存款或长期国债了。我们拿出自己的现金，无论选择什么样的投资道路，无非都是要赚更多的钱。如果当初你选择了用1,000元来买国债，5年以后，连本带息大约可以赚到1,307.5元，平均一年赚 61.5 元。

不过，出于对公司前景的看好，你还是选择了与朋友一起开公司。我们假定开公司的本金是无法抽回的，因为它可能已经购买了某些固定资产。其实，法律也是这样规定的，股东的投资不可以随时抽回，如果不想再做了，可以卖给其他人来转移股权，抽回现金。那么你需要多少年才能把投入的这 1,000 元赚回来呢？每年赚 100 元，需要赚 10 年。如果情况好的话，可能 5 年就赚回来了；如果情况不好的话，可能 20 年才能赚回来。

我们按照最稳健的方式来赚这笔钱，也就是去购买国债，用国债的收益来衡量，一年赚 61.5 元，赚 1,000 元需要 16.26 年。同样是赚回 1,000 元，按最稳健的国债的收益率赚回本金的年限来衡量，需要 16.26 年，而和朋友开公司，按现在每年每股收益为 100 元（你和朋友甲各占一股），假设该公司的收益每年保持不变，你卖给朋友乙的售价应该为 1,626 元。

这样就相当于你把钱放在公司里购买了"国债"，但这"国债"的收益率比正常国债收益率高，当然也具有不确定性。如果公司的前景看好的话，你还可以标出更高的价格，比如 2,000 元。如果公司前景并不如你所期望的美好，你可以标出略低的价格，比如 1,400 元。

如果你还没看懂，可以这样简单地理解：因为投入到企业中的钱是不可以随便抽回的，我们假设购买国债的钱也是不可抽回的。我们为什么不买国债，而是把钱投入企业？因为我们想要比购买国债更高的收益率。购买国债需要 16.26 年回本，这是最长年限，那么我们把钱投入企业，也要按这个最低标准来衡量。所以，拿钱投企业，也要在 16.26 年内把钱全收回来。要是比这个年限还长，为什么还要冒风险把钱投入企业？还不如买国债呢！

通过上面的分析，我们至少可以了解以下两个概念：市盈率和正常适当的市盈率计算。

所谓市盈率，是指每股售价和每股收益的比率。还拿上面的例子来说，如果你标价 2,000 元卖给朋友乙，当年每股收益为 100 元，那市盈率就是 20 倍；如果标价 1,000 元卖给朋友乙，当年每股收益为 100 元，那市盈率就是 10 倍。

市盈率是 20 倍，在企业每年收益不变的情况下，需要 20 年能赚回所支付的现金。市盈率为 10 倍，需要 10 年能赚回所支付的现金。也就是说，市盈率越低，它的售价与每年收益的差距越小；市盈率越高，它的售价与每年收益的差距越大。所以，如果我们想找一家企业投资的话，市盈率相对较低的公司是首选。

当然，这里面还有另外一个考量。企业的市盈率高，说明它的售价很高。

为什么售价会高？因为该企业本身具有创造利润的能力，并且这种能力还会带来更多的利润。也正因为如此，大家宁愿溢价（高于企业自身的真实价值）去购买它。那么到底市盈率是多少才合理呢？就是我们列举的例子的后半部分，需要用长期国债的收益率来衡量，也就是说，用最稳健的收益来衡量不太确定的收益的售价。举一个方便计算的例子，长期国债的利率为5%，那么赚回本金需要20年，以此推算，正常的市盈率乘以国债利率为1，也可以说，正常的市盈率为长期国债利率的倒数。

如某年年初，我国长期国债的最高利率（5年期）为6.15%。那么在理论上，该年的正常市盈率为16.26倍。A银行公布的年报中该年12月31日的每股收益为1.83元。那么按正常的市盈率来计算，它的标价理论应为29.76元。而A银行在该年12月31日的收盘价为9.92元，它实际的市盈率为5.42倍。所以，仅从这方面来看，它的市盈率低于正常的市盈率，值得我们买进，并且之后会有很大的升值空间，截至第二年的1月初，A银行的售价为12元，相对于9.92元上涨了21%。

再如，C酒该年9月30日公布的报表中显示，每股收益为10.04元。按我们计算得出的正常市盈率为16.26倍，C酒的理论售价应为163.25元，而它在9月最后一个交易日中的收盘价为245.80元，比理论售价高出82.55元，高33.58%。C酒自身的市盈率为24.48倍，远远高于正常的市盈率。而从该年9月末到次年1月初，C酒的售价已经下跌至183.89元，逐渐回归到了正常的水平。

该年年末长期国债的利率为5.32%，所以正常的市盈率由16.26倍变成现在的18.8倍。按照目前来说，18.8倍的市盈率是正常的，对于正常发展的企业来说，也是最低限度。为了更好地说明问题，我们还是来看一下相关数据。

表9.6　几家企业20×8年最高市盈率数据

企业名称	20×8年最高价（元）	20×7年年报每股收益（元）	最高市盈率（倍）
A机场	23.10	0.36	64.17
B机场	39.80	0.88	45.23
A重工	61.19	0.77	79.47
B重工	45.08	-0.10	—
A酒	39.18	1.44	27.21
B酒	27.49	0.58	47.40

股市在20×7—20×8年度出现了一个发展高潮。表9.6就是A机场等6家知

第 9 章
资产管理，是科学也是艺术

名企业在 20×8 年的最高市盈率数据。按照 20×8 年长期国债利率 4.16% 来计算，正常的市盈率为 24 倍。表格中出现的这 6 家企业除了 A 酒 27.21 倍的市盈率还算冷静以外，其他企业简直可以用"疯狂"二字来形容。A 重工的市盈率竟然达到了创造历史的 79.47 倍。要知道，大名鼎鼎的股神巴菲特旗下企业的平均回报率才是 20%！

由此可见，在 20×7 年的时候，大部分企业都存在泡沫，很少对自身的市盈率有一个准确的股价。那么市盈率的问题到底该如何处理呢？在解决这个问题之前，要先学会如何折现。

我们还是用例子来说明。比如今年存到银行 100 元，年利率为 5%，那么第二年连本带息取出来是多少钱呢？105 元。如果这个问题反过来问，银行年利率为 5%，第二年想连本带息取出 105 元，那今年需要存入多少钱呢？当然是 100 元。

这个方法在企业中同样适用。如果这家企业第一年每股收益为 1 元，按最低标准无风险回报率来说，也就是现行长期国债年利率来说，为 3.52%，如果我要年终拿到 1 元钱，那我今年要付出多少钱呢？用上面的公式就可以算出来，用 1 除以 1.0352，等于 0.9660 元。

这是一年的情况，那第二年呢？第一年每股收益为 1 元，我们前提条件设置的是年增长率为 20%，所以第二年的每股收益为 1.2 元。再按长期国债年利率 3.52% 来计算，两年后我想得到 1.2 元，那我现在需要付出多少？1.1198 元。

上述计算完美无缺。但我们还需要注意的是，大家为什么把钱投给企业，而不是存进银行？就是因为我们预期投资企业赚的钱会比银行利率高得多。如果企业赚的钱低于银行利率，那还不如把钱放在银行更保险一点，至少账面上不会亏损。这样一来，折现的比率就不能按照无风险长期国债利率来计算，我们需要给出一个恰当的值。我给它设定为 13%，因为美国股市长期回报就在 11%~13%。

那我们要按照每股收益每年 20% 的增长，再按 13% 的利率折回现值，来计算 30 年的数据。如表 9.7 所示。

表 9.7 30 年折现数据

单位：元

年份	预期每股收益	按长期国债最高利率折现值	年份	预期每股收益	按长期国债最高利率折现值
第一年	1	−0.88496	第十六年	15.40702	−2.18004
第二年	1.2	−0.93978	第十七年	18.48843	−2.31508

（续表）

年份	预期每股收益	按长期国债最高利率折现值	年份	预期每股收益	按长期国债最高利率折现值
第三年	1.44	−0.99799	第十八年	22.18611	−2.45849
第四年	1.728	−1.05981	第十九年	26.62333	−2.61079
第五年	2.0736	−1.12547	第二十年	31.948	−2.77252
第六年	2.48832	−1.19519	第二十一年	38.3376	−2.94427
第七年	2.985984	−1.26922	第二十二年	46.00512	−3.12666
第八年	3.583181	−1.34785	第二十三年	55.20614	−3.32035
第九年	4.299817	−1.43134	第二十四年	66.24737	−3.52603
第十年	5.15978	−1.52001	第二十五年	79.49685	−3.74446
第十一年	6.191736	−1.61417	第二十六年	95.39622	−3.97641
第十二年	7.430084	−1.71416	第二十七年	114.4755	−4.22274
第十三年	8.9161	−1.82035	第二十八年	137.3706	−4.48433
第十四年	10.69932	−1.93312	第二十九年	164.8447	−4.76212
第十五年	12.83918	−2.05287	第三十年	197.8136	−5.05712

为什么折现值是负值？这是相对我们来说的。因为需要拿出钱来买它，所以对于我们来说，兜里的现金减少了，是负值。30年每年折现的值，就是我们从第一年开始要对每一年所付出的钱，将这些钱相加，就是为这30年埋单。我们先看第三十年，资产已经增值到近198元了，也就是说增值了近200倍，我们需要拿多少钱来埋单呢？得出的数值可能会让大家大吃一惊，为72.41元。

也就是说，这家企业年回报在20%的高位，并且我们用13%的高利率来折现，这家的股票每股价值才72.41元，除以现在的每股收益1元，市盈率为72.41倍。收益这么高的公司，这么高的折现率，并且连续30年都如此，才只有72.41倍的市盈率。试问上面提到的6家国内知名企业中哪一家能达到这个标准？所以说，折现是检验市盈率是否合理的试金石。

不要忽视资产负债表

由于现代股票定价的决定因素多在于对企业未来收益的预估，特别是一些新兴行业的出现，风头超过了传统行业。比如互联网企业，很多公司并没有多少实际资产，一间办公室、几台电脑，就是一家公司全部的有形资产。但客观地说，它们确实带动了经济的增长，自身收益也极高。也正因为如此，很多投资者也就渐渐忽略了互联网企业这种有形资产和无形资产严重倒挂的问题。

不过，一旦经济环境恶化，以互联网为首的新兴行业就会首当其冲地遇到困难。这时，投资者就会遇到一大堆难题。所以，从这点来看，过分依赖企业未来的收益来为企业定价，风险极高，因为未来本来就是很难预测的。经济繁荣时，都会说它今年赚了多少钱，明年还会赚更多的钱。等到经济萧条的时候，大家才想起来，你到底有多少家底啊？我付给你的钱，你到底有没有价值相当的资产呢？所以，永远不要忽视资产负债表。

对此，格雷厄姆有着一番深刻的见解。他在《聪明的投资者》中将在市场中交易的行为分为两种：一种为防御型，一种为积极型。这两种交易行为为企业定价提供了两种差别很大的方法。

如果资产结构合理，利润表状况良好，防御型投资者几乎不用过分关注公司的前景，只要公司可以一直经营下去，他们就会以低价买进，股票价格是他们的重点研究对象。因为需要对照资产负债表，市场价值和企业的内在价值几乎永远不可能相等，所以要在市场价值低于企业内在价值的时候买进，两者之间的差额可以用来缓解未来的不利因素，这就是安全边际。

如果是积极型投资者，他们的重点在于预测未来几年甚至几十年内的企业会获得多高的利润，特别是这些利润会不会保持增长率。这样的预测需要投入大量的精力去研究。

对于防御型投资者，格雷厄姆说："他必须确定，以实际标准来判断，自己购买的普通股的价格没有被严重高估。"如何不被高估，那就得看企业的账面价值。关于防御型的交易行为，格雷厄姆共给出了7点建议，最后一点为适度的股价资产比，即当期股价不应该超过最后报告的资产账面值的1.5倍。如果每股账面价值为1元，那你要购买它的价格绝对不能超过1.5元。

当然，这是在正常市盈率的情况下。如果银根紧缩，长期国债利率极高，那么理论上正常市盈率就会很低。按格雷厄姆的说法，当市盈率低于15倍的时候，当期股价可以超过每股账面价值的1.5倍。高到多少，有没有量化？当然有。格雷厄姆对此早有论断："我们建议，市盈率与市净率的乘积不应该超过22.5。"（市净率的问题在第11章会详细叙述。）

积极型投资者倾向于定性分析，而防御型投资者倾向于定量分析。格雷厄姆应该属于防御型投资者，因为他在书中说："就我们自身的态度和本职工作而言，我们始终致力于定量法。从一开始，我们就要确保我们的投资能够以具体的、可靠的形式获得丰厚的价值。我们不愿意以未来的前景和承诺来补偿眼下的价值不足。"格雷厄姆不愿意用未来不确定的馅饼来规划现在的投资，可能他眼里看见的是眼前吊着胡萝卜的驴，一直在往前走，前途很光明，但驴能不能把胡萝卜吃到嘴里，谁也不知道。

当然，我们不需要像大师分析得那样专业，只需要注重实用性就可以了。买了一家企业的股票，你就是这家企业的股东，就是它的老板。所以，你必须知道，你付出的钱代表着你占有了多少资源。此外，你还得知道自己占有的是什么样的资源。最坏的打算，如果企业倒闭清算了，你必须借助资产负债表来计算自己可以在清算中拿回多少钱，能折合多少现金。

资产负债表相对于其他报表来说，是最规范的报表，因为它是存量表，是平衡表，并且由于项目众多，很难出现虚假情况。所以，资产负债表完全可以成为企业收益质量的试金石。

第 10 章

利润与资产,都以现金作为终点

利润表看盈利能力,资产负债表看资产结构。不过,无论哪一种财报表格,终点都是现金。现金像血液一样,流经企业的每一个部位。我们衡量企业关于现金项目的标准,主要表现在3个方面:变现的速度和能力、财务的弹性、收益质量。

速动资产：能最快变现的资产

说到变现能力，企业中变现能力最快的当属流动资产，只是流动资产里面也有变现快慢之分。像存货就属于变现比较慢的资产。要想让存货变现，必须同时满足两个条件：第一，将存货卖出去；第二，卖出存货的账款能够顺利地收回。如果不能做到这两点，它的变现能力就要大打折扣。那么变现最快的又是什么呢？当然是现金本身。也正因为如此，与现金相关的资产成为人们眼中的"速动资产"。

速动资产主要包括货币现金、短期投资、应收票据、应收账款和其他应收款。企业如果速动资产充分，就会得到合作伙伴的信任，二者之间的交易就能顺利进行。与此同时，速动资产充分也是还债能力良好的体现，有助于企业得到银行等金融机构的信任。其实，二者相比较，还债能力的重要性更胜一筹。

因为企业运营中最重要的就是债务问题。企业有钱，谁第一个有权来要？当然是债权人。把钱还给他，剩下的是用于扩大投资，还是给股东分红，就是企业的内部事务了，可以自行决定。如果债权人不满足于第一追索权，企业在发展过程中就会处处受阻，也会败坏自己的商誉。所以，火烧眉毛的债务问题一定要排在第一位。

既然如此，我们该如何将企业的速动资产和还债能力联系在一起呢？

公式说

速动比率=（货币现金+短期投资+应收票据+应收账款+其他应收款）/流动负债

在这个公式中，速动资产就是分子之和。速动资产除以流动负债得出的速动比率常用来衡量企业流动资产中可以立即变现用于偿还流动负债的能力。

不过，速动比率和流动比率还是有一定区别的。除了计算公式，二者的不同还体现在意义上。流动比率是流动资产和流动负债之比，但在流动资产中确实有一些变现能力很差的，比如存货和不能变现的待摊费用。存货过多就会出现积压、滞销等情况，万一卖不出去，还存在着跌价的可能性。所以，它们根本不具备变现还债的能力。拿掉它们，就弥补了流动比率的不足。

其实，无论速动比率还是流动比率，强调的都是还债能力的重要性。这点大家想必已经很熟悉了。资本周转不灵是企业倒闭的第一诱因。比如，你拥有价值 300 万元的资产，可全部用来投资房产，也就是说，这 300 万元全部变成了实物资产。这时，一旦产生周转问题，你在规定时间内拿不出足够的资金来，就会陷入折价卖房的困境了。企业倒闭的可能性很多，但绝大部分不是因为总资产太少，而是因为流动性不足。

不知大家是否玩过《大富翁》这个游戏？玩家失败的条件只有一个：当现金和银行存款为零的时候，无论你有多少资产，只要流动性没有了，就要清算。游戏中还设计了玩家如果破产，会拍卖失败玩家的非流动性资产（地产）的规则。

为了保证企业的变现还债能力，行业中通常将比率设定为 1~1.5。1 是最低限度，它表示了每 1 元流动负债背后有多少流动资产作为保障。为什么不能用非流动资产来做保障呢？我们在讲资产负债的时候，给了大家一个清算价值核算表，给出的非流动资产的变现估值为 20%。这就意味着那些非流动资产对于自己来说还是有一定的价值，但要拍卖给别人，就要大大贬值了。那么又为什么把最低比率设为 1 呢？因为还债虽然是企业需要优先考虑的事情，但并不是全部，而且只有进行扩大再生产，企业才能一直保持活力。

速动比率和流动比率，没有最快只有更快

与核心竞争力一般的公司相比，一些核心竞争力较强的公司对于流动比率和速动比率的要求并没有那么严格。它们就像刘顺仁先生的《财报就像一本故事书》中讲到的那样，好的企业可以通过各种方法来融资，并且其产品的变现能力非常强，所以根本不必为流动负债担心。

为了增强说服力，刘先生还特意举了沃尔玛和卡马特的例子。沃尔玛周转的速度特别快，并且信用卡公司 3 天内就可以给它结账，而它给供货商结账的时间则是保持在 30 天内。这种"快收钱，慢还钱"的模式帮助沃尔玛成功地摆脱了现金问题。所以，它的流动比率和速动比率都保持在警戒线之下。而卡马特恰恰是在现金流动环节上出了问题。现实情况使得它不得不动用大量现金来应付债务。所以，尽管在竞争中处于下风，但它的速动比率反而比沃尔玛还要高。

那么速动比率和流动比率是不是在核心竞争力较强的企业这里就失灵了呢？它们在这类企业中到底扮演着什么角色呢？为了更好地说明问题，我们还是用具

体数据来说明，如表 10.1 和图 10.1 所示。

表 10.1 A 车集团和 B 车集团速动比率数据

年份	A车集团速动资产（万元）	A车集团流动负债（万元）	A车集团速动比率	B车集团速动资产（万元）	B车集团流动负债（万元）	B车集团速动比率
20×9	6,617,779	7,975,707	82.97%	427,572	314,706	135.86%
20×8	4,852,943	5,512,037	88.04%	209,477	163,295	128.28%
20×7	3,994,033	4,397,828	90.82%	262,605	206,016	127.47%
20×6	510,753	266,073	191.96%	232,288	166,138	139.82%
20×5	431,183	244,352	176.46%	183,849	138,849	132.41%
20×4	360,333	225,324	159.92%	111,403	127,924	87.08%
20×3	227,879	188,418	120.94%	107,249	129,749	82.66%
20×2	221,615	72,085	307.44%	134,085	136,920	97.93%
20×1	48,900	86,812	56.33%	143,652	125,773	114.22%
20×0	36,221	69,255	52.29%	155,195	232,221	66.83%

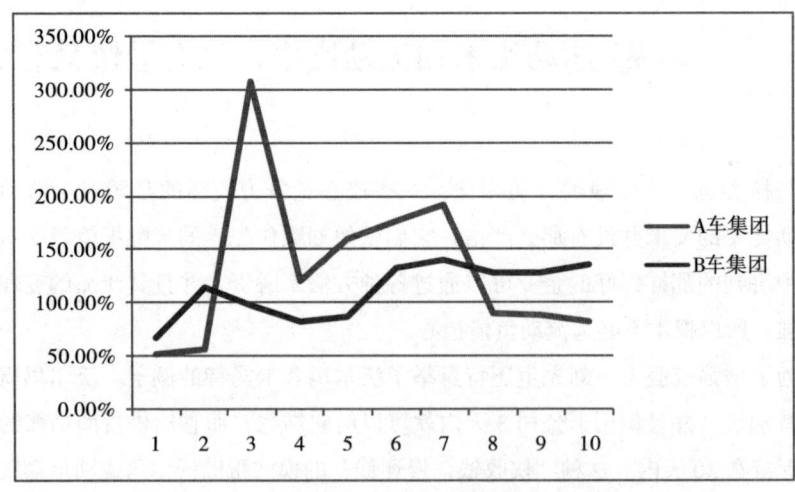

图 10.1 A 车集团和 B 车集团速动比率折线对比

注：以20×0年为第1年。

表 10.1 和图 10.1 是 A 车集团和 B 车集团的速动比率数据。从数据上来看，在 20×0 年至 20×7 年，A 车集团的速动比率比 B 车集团要高。但从 20×7 年开

始，A 车集团的速动比率就一直处于 B 车集团的下方了。是不是 A 车集团在同行业的竞争中落后了呢？看似如此，但我们看问题要全面，不能单一地看问题。这时，我们需要另外加上一组数据才能看出这里的端倪。

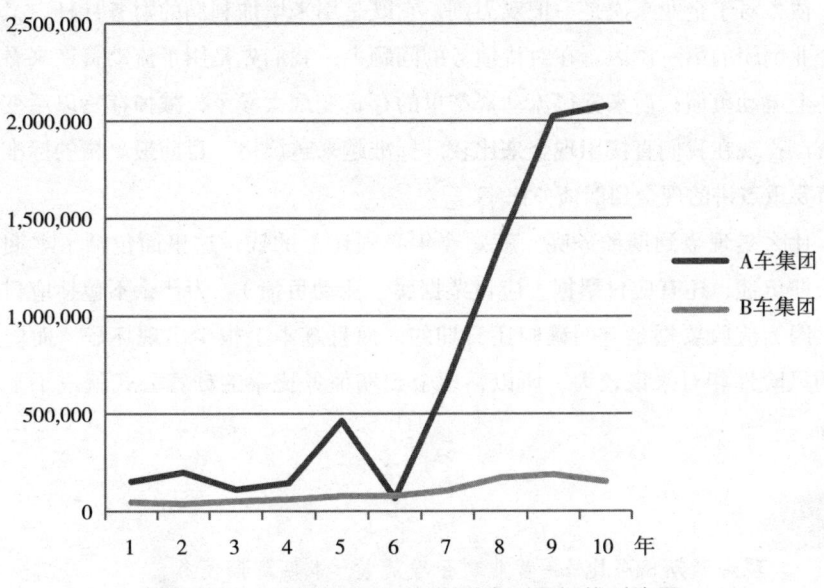

图 10.2　A 车集团和 B 车集团净利润折线对比图

注：以 20×0 年为第 1 年。

图 10.2 为 A 车集团和 B 车集团净利润数据。将 3 张图表结合着看，我们很快就会发现，正是在速动比率出现变动后，即从 20×9 年开始，A 车集团的净利润像是乘坐了火箭一样迅速上升，完全超过了 B 车集团。

20×7 年是一个分水岭。在两家企业利润相差无几时，A 车集团的速动比率要比 B 车集团的安全。在 A 车集团开始飞速盈利的时候，它的速动比率下降到了 100% 以下，看似不安全，但它的存货周转率和应收账款周转绝对高于 B 车集团。而 B 车集团在 20×7 年以后，开工率不足或者存货周转率非常低，导致资金闲置，净利润徘徊不前。前后两段，该安全的时候安全，该创造利润的时候创造利润，A 车集团都做到了。

所以，无论流动比率还是速动比率，都不能只看一个方面。

现金到期债务比率：只用现金够还债吗

债务对于企业来说是一把双刃剑，它既是用来增加利润的财务杠杆，又是造成企业倒闭的第一诱因。在对待债务的问题上，我们先是用了流动资产来看能不能还上流动负债；后来觉得流动资产里的存货变现太慢了，减掉存货以后变成速动资产；现在我们直接用现金来比较。标准越来越严格，目前最严格的标准就是本节要重点讲的现金到期债务比率。

什么是现金到期债务呢？就是今年必须还上的钱，这里面包括了本期到期的长期负债，还有应付票据（应付票据属于流动负债）。为什么不包括应付账款呢？因为应收票据是有明确归还日期的，而且基本上很少出现坏账，而应付账款的风险性相对来说较大。所以，现金到期债务比率的计算公式就成了下面的模样。

公式说

现金到期债务比率＝营业现金净流量/ 本期到期债务

在这个公式中，我们需要重点说营业现金净流量。它并不仅仅是狭义的现金流量表中经营活动产生的现金流，而是自由现金流。

举个简单的例子。某家企业的营业现金净流量是100元。如果按照前者理解，那100元就够还债的了。偏偏此时，出于经营的需要，企业用50元进行了资本化投资。那么此时企业可支配的现金是多少？是用100元还债还是用50元还债？很明显，现在可供支配的现金只剩下了50元。所以，在这里，一定要用自由现金流的数据。

另外，还有一点需要特别注意：现金到期债务比率同前面提到的其他比率一样，都是有警戒线的，它的理论警戒线是1.5。

按照老习惯，完成理论上的论证，我们还是用企业的相关数据来说明。表10.2为A机场和B机场的现金到期债务比率数据。

从表10.2来看，A机场的财务非常安全，20×9年现金到期负债比率达到了21倍。而B机场在20×4年和20×5年的时候，现金有些捉襟见肘，自由现金流为负，还有到期要还的债务。但从20×5年以后，它基本上是处于无负债经营的状态，自由现金流可以实现自由。

第 10 章
利润与资产，都以现金作为终点

表 10.2 A 机场和 B 机场现金到期负债比率数据

年份	A机场 自由现金流 （万元）	A机场 到期债务 （万元）	A机场 现金到期 债务比率	B机场 自由现金流 （万元）	B机场 到期债务 （万元）	B机场 现金到期 债务比率
20×9	51,885	2,370	2,189.24%	246,592	0	—
20×8	14,347	10,200	140.66%	180,879	0	—
20×7	63,170	8,000	789.63%	93,507	0	—
20×6	43,398	15,065	288.07%	−19,471	0	—
20×5	79,793	8,900	896.55%	−155,686	2,243	—
20×4	97,052	24,155	401.79%	−105,854	4,275	—

再来看 A 酒和 B 酒的现金到期债务比率数据，如表 10.3 所示。

表 10.3 A 酒和 B 酒现金到期债务比率数据

年份	A酒 自由现金流 （万元）	A酒 到期债务 （万元）	A酒 现金到期 债务比率	B酒 自由现金流 （万元）	B酒 到期债务 （万元）	B酒 现金到期 债务比率
20×9	134,105	141,120	95.03%	7,468	40,550	18.42%
20×8	62,955	8,630	729.49%	7,180	3,058	234.79%
20×7	41,122	6,480	634.60%	4,978	6,113	81.43%
20×6	49,802	0	—	−12,503	0	—
20×5	1,409	0	—	20,373	6,000	339.55%
20×4	35,119	0	—	−3,031	0	—

从表 10.3 来看，20×9 年，对于 A 酒和 B 酒来说都不好过。A 酒的现金到期债务比率为 95.03%，而 B 酒还不到 20%。有意思的是，笔者在统计相关数据时发现：A 酒的到期债务大部分是应付票据，即将到期的长期债务很少，而 B 酒基本上没有应付票据，它的到期债务基本上都是即将到期的长期贷款。

除去本期到期负债外，我们还需要了解自由现金流和流动负债之间的关系。流动负债的范围要比本期到期负债大多了，需要把各种应付科目都加进去。这样一来，这个标准就会比现金到期债务更加严格。流动负债都是今年要还的钱，之前用流动资产比过流动负债，但流动资产不是现金，变现还需要一段时间。直接用自由现金流可以更直接，这叫作无障碍偿还能力。

> **公式说**
>
> 现金流动负债比率=年经营活动现金净流量/年末流动负债

这个公式看起来简单，其实它的分子很复杂。什么是年经营活动现金净流量呢？它是指经营现金毛流量扣除经营营运资本增加后企业可提供的现金流。这里又出现了一个问题：什么是经营现金毛流量。所谓经营现金毛流量，就是息前税后利润和折旧与摊销的和。

天哪，这太复杂了！有没有简化一些的计算方式呢？有，我们还可以用自由现金流来代替分子。因为只有自由现金流才是企业真正能自由支配的，也是还债的现金主力。还有一项更严格的比率，它可以用来测试企业偿还所有流动负债的能力。

> **公式说**
>
> 现金债务总额比率=经营活动现金净流量/ 期末负债总额

那么上述3种比率该如何评判呢？只有一个标准，那就是看企业的内在核心竞争力在哪儿，先定性再定量。拿沃尔玛来说，它是典型的零售类企业，随时都在创造现金，比率低一些没有什么关系。如果它的此类比率过高，那就说明它有很多现金是闲置的，没有充分利用。

所以，对于这类比率分析的要求时，我们必须先了解企业。为什么巴菲特不仅仅看报表，还要去公司看看，去工厂转转？因为投资并不是做算术题那样简单。我国有句俗话，"救急不救穷"。这也是要我们先对这个人定性，再对它定量。

还来看《水浒传》。为什么宋江能够得到梁山众将的拥护呢？按照鲍鹏山先生的观点，因为宋江能给众人找到出路，而晁盖不能。我们给晁盖定性，他只是一个草莽英雄，不具备投资价值。这一点从他的遗言中就可以看出来。

晁盖在遗言中说，谁杀了史文恭才能成为梁山之主。光凭自身的武略，宋江肯定不能完成任务，倒是林冲等老牌会员有这种实力。所以，宋江并没有急于抓史文恭，而是先逼反了卢俊义，借助卢俊义去杀史文恭。这样，晁盖的遗言就失效了。谁会让刚来没多久且大家不了解的卢俊义成为领袖呢？及时雨宋江才是当仁不让的人选，而且大家相信宋江能为大家找到出路。这就是定性的重要性。有了定性，才有定量。

人如此，企业也是如此。想要向沃尔玛、戴尔看齐，就要使现金和负债在低比率条件下运行。如果不能随时创造现金，就不能随时将存货或服务变现。所以，在此之前，你一定得先有这个能力，先练好内功。内功一旦练好了，学招数就可以很快融会贯通。

销售现金比率：营业收入的含金量

什么是营业收入呢？举个简单的例子。卖一台售价为5,000元的电视机，就是收入5,000元。那么它包含多少成本或者费用呢？事实上都不是。请注意，我们现在讨论的对象既不是毛利润，也不是净利润，而是收入。所谓的收入，就是收了多少钱，暂时不需要计较成本和费用。

不过，这里还有一个问题，那就是产品卖出去，货款就一定能够收回来吗？答案是不一定。它有几种可能性：第一是当场进行现金交易，货到付款；第二是货款在当期无法及时收回，形成了应收票据和各种应收账款；第三种是货款根本就收不回来，直接成了坏账。

我们辛苦那么久，为的是什么？收益，而收益的终点就是现金。收回来的钱才是真真正正已经赚到的钱，才是自己可以自由支配的。我们看到的利润表和资产负债表，它们的总体思想都是以权责发生制为基础的。它们是建立在所有和我们进行交易的人都是讲信用的基础上的。不管是现在给，还是以后给，反正钱肯定是收得回来的。

当然，我们也得做好一些出现糟糕情况的打算，比如预留坏账准备金等。不过，需要注意的是，所有关于现金流量的问题，都以是收付实现制为基础的。

如果利润表上显示是盈利的，但现金没有收回来，银行来催款了，供货商来催款了，总不能用利润表来还债呀！所以，把钱收回来，钱才真正是自己的，在账面上的，未必是自己的。这就涉及营业收入含金量的问题了。

下面，我们就为大家介绍一个衡量营业收入含金量的公式。在这个公式中，营业利润的含金量是用销售现金比率来衡量的。

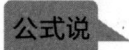

销售现金比率 = 经营活动现金净流量/营业收入

关于公式,我们要着重说明的是分子。这里的"经营活动现金净流量"采用的是狭义的概念,而不是"自由现金流"的概念。因为自由现金流包括经营活动产生的现金净流量和投资活动产生的现金净流量,这里进行比较的与投资无关,所以必须用狭义的概念。

销售现金比率越高,说明营业收入的含金量越高,反之就越低,也就是说,卖出去了东西却还没收到全部的钱。为了更好地说明问题,我们还是来看一下实例。表10.4为A百货和B百货的销售现金比率数据。

表10.4　A百货和B百货销售现金比率数据

年份	A百货经营活动净现金流(万元)	A百货营业收入(万元)	A百货销售现金比率	B百货经营活动净现金流(万元)	B百货营业收入(万元)	B百货销售现金比率
20×9	66,553	910,550	7.31%	10,963	337,733	3.25%
20×8	82,530	855,148	9.65%	−93,731	319,422	—
20×7	84,666	706,170	11.97%	84,008	362,588	23.17%
20×6	67,931	588,541	11.54%	78,796	314,648	25.04%
20×5	65,576	504,374	13.00%	−22,285	228,082	—
20×4	38,111	396,711	9.61%	76,676	160,158	47.88%
20×3	26,389	322,431	8.18%	−51,327	159,931	—
20×2	16,120	249,738	6.45%	−10,767	180,259	—
20×1	11,112	207,990	5.34%	40,042	142,717	28.06%
20×0	9,117	141,992	6.42%	−3,510	83,010	—

二者比较起来,B百货的数据实在太富有戏剧性了,完全像是在坐过山车。在不算太长的10年里就有5年每收入100元还要支出现金。相对来说,A百货就显得稳定多了。虽然有时候,销售现金比率略低,营业利润含金量略有下降,但是它足够稳定。而我们投资企业的标准就是需要长期稳定地盈利。如果这样比的话,好像这个比率太低了,要知道我们比的分母可是营业收入啊,收入中是含有成本和费用的。如果想看营业利润中到底有多少钱收回来了,我们可以改变分

母，将营业收入改为营业利润。

看完了零售类企业，再看酿酒类的企业销售现金比率，如表10.5所示。

表10.5 A酒和B酒销售现金比率数据

年份	A酒经营活动净现金流（万元）	A酒营业收入（万元）	A酒销售现金比率	B酒经营活动净现金流（万元）	B酒营业收入（万元）	B酒销售现金比率
20×9	159,675	448,815	35.58%	10,720	141,369	7.58%
20×8	81,477	301,663	27.01%	13,738	116,606	11.78%
20×7	44,837	214,345	20.92%	10,065	93,497	10.77%
20×6	58,970	158,452	37.22%	−4,633	60,175	—
20×5	7,550	184,679	4.09%	25,252	46,163	54.70%
20×4	39,059	151,864	25.72%	7,812	47,918	16.30%
20×3	15,375	107,159	14.35%	9,878	37,298	26.48%
20×2	4,771	83,726	5.70%	5,185	29,959	17.31%
20×1	4,912	62,580	7.85%	2,808	26,118	10.75%
20×0	13,324	51,524	25.86%	6,166	26,257	23.48%

表10.5为A酒和B酒销售现金比率的相关资料。由于A酒和B酒在本书中一再作为例子出现，所以对于它们的情况，大家也比较熟悉。从现有的情况来看，A酒的经营状况要比B酒强一些。遗憾的是，从现在的表格中根本无法体现出来，因为二者的销售现金比率都像是在坐过山车。所以，如果进行比较的几家同类企业的销售现金比率都比较低的话，还要看其他报表的数据，综合判断。

我们还可以用相同的理念来计算一下净利润的含金量，具体方法是用自由现金流除以净利润。自由现金流是以收付实现制为基础的，无论你赚多少钱，我只看你收回来多少钱。为了更好地说明问题，我们还是用具体数据来比较一下，如表10.6所示。

表10.6 A车集团和B车集团的净利润含金量数据

年份	A车集团自由现金流（万元）	A车集团净利润（万元）	A车集团净利润含金量	B车集团自由现金流（万元）	B车集团净利润（万元）	B车集团净利润含金量
20×9	256,778	2,075,176	12.37%	95,144	151,690	62.72%
20×8	1,520,747	2,022,187	75.20%	30,708	187,092	16.41%

(续表)

年份	A车集团 自由现金流 （万元）	A车集团 净利润 （万元）	A车集团 净利润 含金量	B车集团 自由现金流 （万元）	B车集团 净利润 （万元）	B车集团 净利润 含金量
20×7	1,804,369	1,372,852	131.43%	234,474	171,161	136.99%
20×6	928,738	659,193	140.89%	269,845	105,613	255.50%
20×5	743,343	65,617	1,132.85%	−33,301	78,432	—
20×4	−449,478	463,468	—	34,239	75,916	45.10%
20×3	414,301	142,492	290.75%	66,563	60,361	110.27%
20×2	155,362	110,462	140.65%	82,640	49,543	166.80%
20×1	18,614	197,809	9.41%	68,758	38,686	177.73%
20×0	69,607	151,681	45.89%	66,726	44,881	148.67%

表10.6为A车集团和B车集团净利润含金量的相关数据。这两家公司10年来的现状充分说明了一点：重工业类企业的自由现金流简直是惨不忍睹。因为需要不断地进行周期性的资本化投资，所以重工业类企业的自由现金流总是呈现高起高落的局面。

这里还有一个问题，如果自由现金流比净利润少，我们可以理解，但为什么有的时候自由现金流还比净利润多呢？从前面的相关讲述中，我们已经知道，重工业类企业收款是比较困难的，所以还款后自由现金流就比较多，而在某些没有收回货款的年份，自由现金流就少，有时甚至是负值。

说完了重工业类企业，再来看零售业的净利润含金量数据，如表10.7所示。

表10.7 A百货和B百货净利润含金量数据

年份	A百货 自由现金流 （万元）	A百货 净利润 （万元）	A百货 净利润 含金量	B百货 自由现金流 （万元）	B百货 净利润 （万元）	B百货 净利润 含金量
20×9	51,376	20,081	255.84%	44,911	18,058	248.70%
20×8	44,745	12,030	371.95%	−23,399	13,186	—
20×7	36,030	10,014	359.80%	77,133	3,079	2,505.13%
20×6	23,231	5,278	440.15%	−54,551	2,892	—
20×5	9,243	3,324	278.07%	−14,018	2,940	—
20×4	−13,754	3,063	—	35,235	2,804	1,256.60%

(续表)

年份	A百货 自由现金流 （万元）	A百货 净利润 （万元）	A百货 净利润 含金量	B百货 自由现金流 （万元）	B百货 净利润 （万元）	B百货 净利润 含金量
20×3	−4,460	2,595	—	−8,856	−923	959.48%
20×2	−933	2,539	—	−3,875	2,901	—
20×1	3,021	4,840	62.41%	10,998	5,474	200.91%
20×0	7,970	4,986	159.85%	14,529	4,679	310.52%

从表 10.7 中，我们不难看出：B 百货作为一家零售业企业竟然在 10 年间有 4 年的自由现金流是负值，而 A 百货从 20×5 年开始自由现金流保持着稳定，这是最难得的。这充分表明，净利润含金量值越大越好，越大说明销售回款能力越强，财务压力越小。

每股营业现金净流量：理论上最多能得到多少股利

在讲自由现金流的时候，我们说过，这些钱是可以自由支配的。它是可以偿还负债和发放股利的最大限度额。如果没有当期需要归还的债务，并且暂时不想提前还债的话，自由现金流就是理论上可以派发的最大股利了。当然，所有的企业都不会将可以自由支配的钱都分掉，还要留下一部分进行资本化投资。所以，我们只说理论上到底能分多少股利。

不过，直接看自由现金流得到的是总体股利的数据，要看每股能派发多少股利，就需要再做一个除法，即用自由现金流除以在外流通的普通股数据。

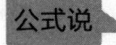
公式说

每股营业现金净流量=经营现金流量净额/普通股股数

如果不细分的话，可以按上面的公式直接进行计算。如果你想知道狭义的每股现金净流量的话，就直接用现金流量表中的第一项除以普通股股数。

还是让我们来看一下具体数据。表 10.8 为 A 酒和 A 车集团每股营业现金净流量数据。

表 10.8　A 酒和 A 车集团每股营业现金净流量数据

年份	A酒 自由现金流 （万元）	A酒 在外发行 普通股数 （万股）	A酒 每股营业 现金净流量	A车集团 自由现金流 （万元）	A车集团 在外发行 普通股数 （万股）	A车集团 每股营业 现金净流量
20×9	134,105	43,292	3.10	1,520,747	917,032	1.66
20×8	62,955	43,292	1.45	1,804,369	852,144	2.12
20×7	41,122	43,292	0.95	928,738	655,102	1.42
20×6	49,802	17,328	2.87	743,343	327,599	2.27
20×5	1,409	15,164	0.09	−449,478	164,455	−2.73
20×4	35,119	10,199	3.44	414,301	148,075	2.80
20×3	10,038	7,668	1.31	155,362	105,947	1.47
20×2	2,596	7,668	0.34	18,614	98,279	0.19
20×1	2,361	7,668	0.31	69,607	75,599	0.92
20×0	12,147	7,668	1.58	35,866	75,599	0.47

从表 10.8 中不难看出，如果光就数值来看，A 车集团的自由现金流最高有七位数，而 A 酒只有六位数。但如果涉及平均数，也就是每股营业现金净流量的话，A 酒的股东就比较幸福了，他们所获得的收益要比 A 车集团的高。虽然这些钱并不能全部进入股东的口袋，但每股营业现金净流量数值越高，说明股东所拥有的权益就越多。

其实，它和自由现金流的意义是一样的，只是将收益平均到每股而已。自由现金流越多，企业才越有能力扩大规模、开发新产品。一切都离不开现金，而自由现金流才是目前可以真正使用的现金。

全部资产现金回收率：最终的现金比率

这次，我们要用自由现金流来比一个最大的数值。之前，无论比流动负债、到期负债、收入、营业利润，还是比净利润，分母都是企业总资产的一部分。而这次的分母是平均资产总额。用自由现金流比平均资产总额得出的全部现金回率就是企业运营中最终的现金比率。全部资产现金回收率这个指标可以称得上是终极指标了，它的目的在于考量企业全部资产产出现金的能力。对于这个指标而言，比值越大越好。比值越大，说明企业可以自由支配的现金越多，企业的运营情况就越好。

举个简单的例子。如果自由现金流为10元，平均资产总额为100元，那么全部现金回收率就是10%。一年10%，按照这个速度，10年就可以翻一番。所以，这个比率的倒数就可以用来说明全部资产用自由现金流回收所需要时间的长短。回收期越短，说明总资产获取现金的能力就越强。相应地，投资者获取的权益就越大。以上只是完成了理论上的证明，下面还是让我们一起来接触一下相关数据，如表10.9所示。

表10.9 A酒和B酒的全部资产现金回收率数据

	A酒 自由现金流 （万元）	A酒 平均总资产 （万元）	A酒 全部资产 现金回收率	B酒 自由现金流 （万元）	B酒 平均总资产 （万元）	B酒 全部资产 现金回收率
20×9	134,105	418,378	32.05%	7,468	136,938	5.45%
20×8	62,955	298,221	21.11%	7,180	123,461	5.82%
20×7	41,122	231,198	17.79%	4,978	114,663	4.34%
20×6	49,802	200,092	24.89%	−12,503	105,973	—
20×5	1,409	177,172	0.80%	20,373	90,604	22.49%
20×4	35,119	149,577	23.48%	−3,031	73,595	—
20×3	10,038	126,935	7.91%	−2,174	65,459	—
20×2	2,596	113,740	2.28%	−8,940	60,716	—
20×1	2,361	104,919	2.25%	−2,719	58,210	—
20×0	12,147	106,581	11.40%	4,319	48,975	8.82%

表10.9为A酒和B酒的全部资产现金回收率。光就20×9年的数据来看，A酒的自由现金流是20×8年的2倍还多，而B酒的自由现金流只增加了288万元。如果按照20×9年的增长速度，只要3年多，A酒的产值就会翻一番。不过，这样算出来的结果必然跟企业的实际发展有较大出入，因为企业的盈利能力是循序渐进的。我们还是取一个长期的参照比较好。

另外，按照10年积累的数据来看，A酒的平均回收率为14.40%。也就是说，用7年左右的时间，企业的投入就可以全部回收。这是一个相当了不起的成就。要知道，我们在本书中一再提到的巴菲特的伯克希尔·哈撒韦公司的平均回报率也只有20%。相比较而言，B酒的平均回收率就显得有些不尽如人意了。自由现金流在10年中连续遭遇5次波谷，全部资产现金回收率也受到了一定的影响。

现金满足投资比率：不还钱够不够花

我们在讲现金流量表的时候，着重讲的是自由现金流，而最可能削减自由现金流的就是资本化投资。有些企业特别依赖资本化投资，最后赚来的钱几乎都被摊销完了，股东几乎没有任何权益。所以，我们必须计算一下，在不考虑负债的情况下，赚的钱够不够自己花。

企业为自己花钱都有哪些地方呢？当然，生产经营的事要排在第一位了。固定资产类需要添置一些，设备需要更新维护。扩大生产规模的话，流水生产线还需要再买一些，厂房的费用也会增加。另外，如果扩大生产规模，企业自身的存货量也会增加，而存货量增加也是需要投入现金的。生产的事情忙完了，如果还有余钱，还可以考虑给股东发些股利。

当然，企业的运营情况不是简单的算术题。很可能某一年赚来的钱确实够花，并且还能剩点儿，而某一年就不够花，还需要再借一些。所以，我们不能特定地看某一年的收入，而要适当地把眼光放长远一点。毕竟资本化投资是长期摊销的资产。

那么如何计算这些钱到底够不够花呢？我们可以利用"现金满足投资比率"这个标准来衡量。

公式说

现金满足投资比率=近5年累计经营活动现金净流量/（同期内的资本支出+存货增加+现金股利）

在这个公式中，所谓的经营活动现金净流量，其实就是我们所说的自由现金流，它是广义上的经营活动。而同期内的资本支出，就是为构建固定资产、无形资产和其他长期资产所支付的现金项目。至于存货和派发股利的数据，都很好找，可以一年一年相减。找到上述数据之后，就可以计算出现金满足投资比率了。

还是用具体数据来说话。表 10.10 为 A 酒现金满足投资比率数据。

表 10.10　A 酒现金满足投资比率数据

年份	A酒5年 自由现金流 （万元）	A酒5年 资本支出 （万元）	A酒5年 存货增加 （万元）	A酒5年 派发股利 （万元）	A酒 现金满足 投资比率
20×7—20×1	289,393	63,432	83,989	70,206	132.98%
20×6—20×0	137,490	28,534	49,242	30,103	127.45%
20×5—20×9	98,964	26,994	39,942	13,323	123.31%
20×4—20×8	51,523	20,414	21,041	10,735	98.72%
20×3—20×7	62,261	15,325	8,048	4,371	224.41%
20×2—20×6	24,179	7,464	-5,367	1,181	737.61%
20×1—20×5	22,780	5,615	-7,002	644	—
20×0—20×4	21,566	3,112	28,612	1,175	65.55%

从表 10.10 中不难看出，在 20×1—20×5 年这个时间段，投资比上一个 5 年期有所减少，所以在这方面根本没有产生费用，从某种程度来讲是现金净流入。也唯有这个时间段中有一年赚的钱差一点不够花。加之在讲负债的时候，我们已经了解到 A 酒没有长期负债，都是当期的流动负债。所以，它的财务状况完全不必令人担忧。

其实，现金满足投资比率看的就是企业对于资金的自给率有多高。打个比方，这就相当于你大学毕业之后，能不能自己赚钱养活自己。如果不能自给自足的话，还需要向父母借多少。如果常年都无法自给自足，那你的生存能力就可能有问题了。企业也是一样。如果赚的钱都不够自己发展用的，还需要不停地向银行借钱，向股东募集资金，这样的企业存在下去就是在不断消耗资源，清算的价值远远大于继续经营下去的价值。

为了更好地说明问题，我们还是看一下具体数据。表 10.11 为 B 油的现金满足投资比率的相关数据。

表 10.11　B 油现金满足投资比率的相关数据

单位：万元

年份	B油5年 自由现金流	B油5年 资本支出	B油5年 存货增加	B油5年 派发股利	B油5年 投资总额
20×5—20×9	-824,921	892,474	33,340	19,064	944,878

（续表）

年份	B油5年 自由现金流	B油5年 资本支出	B油5年 存货增加	B油5年 派发股利	B油5年 投资总额
20×4—20×8	−751,259	852,321	21,677	22,720	896,717
20×3—20×7	−464,724	566,954	12,226	27,487	606,667
20×2—20×6	−289,211	420,428	1,787	21,081	443,296
20×1—20×5	−144,034	270,941	8,155	18,680	297,777
20×0—20×4	−86,517	231,228	6,559	17,341	255,128

托尔斯泰在他的名作《安娜·卡列尼娜》的开篇就指出，幸福的家庭都是相似的，不幸的家庭各有各的不幸。在企业这里，亏损的企业都是相似的，盈利的企业各有各的方法。企业经营状况如何，归根到底就是现金的问题。B油的自由现金流从20×4年开始一直是负值，几乎没有什么改变，所以运营状况一直不佳。可能有的股东并不想将赚到的钱投入到扩大生产规模当中，而只是想看看自己到底能分多少钱。

当然，这只是理想情况，因为自由现金流不可能全部发放给股东。持有这种想法的股东的初衷只是想了解一下企业到底有多大的能力来支付股利。如果自由现金流很少，基本上没能力发放股利，投资者就可以放弃这家企业，转而投资其他企业了。所以，现金满足投资比率还可以用一个更简单的标准来衡量，这个标准就是现金股利保障倍数。

公式说

现金股利保障倍数＝自由现金流/现金股利

遗憾的是，现金股利保障倍数发挥作用的时候并不多，因为是否发放股利还会受到一定的人为因素影响。不过，如果要算的话，最好还是3年或5年一结算，因为如果某一年没有发放股利，计算出的结果就没有了连续性。

表10.12为A酒的现金股利保障倍数数据。

表10.12 A酒的现金股利保障倍数数据

年份	A酒五年 自由现金流（万元）	A酒五年 派发股利（万元）	A酒现金 股利保障倍数
20×5—20×9	364,906	85,028	4.29

(续表)

年份	A酒五年 自由现金流（万元）	A酒五年 派发股利（万元）	A酒现金 股利保障倍数
20×4—20×8	98,964	13,323	7.43
20×3—20×7	62,261	4,371	14.24
20×2—20×6	35,178	2,331	15.09
20×1—20×5	22,780	644	35.37
20×0—20×4	21,566	1,175	18.35

看似A酒的现金股利保障倍数越来越低，但是它的自由现金流这10年间上涨了近16倍，发放股利却上涨了71倍。派发的股利越来越多，所以计算出来的结果，也就是现金股利保障倍数就越来越低。

现金运营指数：赚的是现金还是白条

经营的终点就是现金。如果一家企业经营了一年说赚了10吨苹果，或者只是增加了应收账款，那就没什么意义了。所以，我们对于现金最后的考量就是到底赚了什么，是现金还是白条。

关于这一点，情况有些复杂。不过，我们有一个很好用的标准，叫作现金运营指数。

公式说

现金运营指数=（经营所得现金-经营性资产净增加）/经营所得现金

什么是经营性资产净增加？简单地说，就是流动资产、固定资产和无形资产。举个简单的例子。如果今年赚取了100元，我们把10元投入设备中，那么现在的经营性资产就比去年增加了10元。多出来的这10元是哪儿来的？就是从今年的利润上得来的。如果设备没有增加，而是有10元没有收回来，变成了应收票据或应收账款，那么钱就有了一定的风险性。如果这10元投入到了存货当中，由于存货能不能卖得出去也有一定风险，更存在存货跌价的风险。

所以，我们赚的钱，无论以什么形式增加，都不如以现金的形式增加来得安全。也正因为如此，我们要计算一下，到底赚的是现金，是实物，还是债权，赚的钱是否安全。

如果明确了是现金，那么这个比率越高，说明赚的钱更多是以现金的形式存在的；如果这个比率越低，说明赚的钱更多是以实物或债权的方式存在的。这就涉及收益质量的问题了。光就质量而言，质量最高的是现金，其次是债权，再次是实物。

由于此项指标涉及3个报表的内容，为了更好地进行说明，我们还是先来看一个例子。已知一家企业一年的净利润是1,000万元，计提各项资产减值准备为400万元，计提固定资产折旧为300万元，处置资产收益是20万元，利息支出是15万元，投资收益是24万元，存货增加是30万元，经营性应收项目增加为38万元，经营性应付项目增加为52万元，所得税为33%，请计算一下该企业的现金运营指数。

由于上面已经提及了现金运营指数的计算公式，下面我们就按照公式来计算。公式主要涉及3个变量：经营所得现金、经营性资产净增加和现金运营指数。先来看经营所得现金。它其实就是我们常提到的自由现金流。

如何计算它呢？首先，本期净利润当然是本期经营所得现金的一部分了，它既包括狭义的经营活动所赚的钱，又包括投资活动所赚的钱。

再说固定资产折旧。假设我们买了100万元的资产，使用期限为10年，每年折旧10万元。由于使用固定资产也是一种权责发生制，所以我们从收入中把这一年的折旧拿了出来，收入就少了10万元，现金却多了10万元。就像给一个存钱罐里，每年放10万元，连放10年，设备用坏了，10年以后我们再用这100万元去买一台新的设备。虽然利润少了10万元，现金却多出10万元，并且也是当期经营期内发生的事。无论我们用不用这台设备干活儿，这10万元的折旧是必须拿的。只要拿出钱来了，现金就多了。

再讲得明白一些。我们在营业成本那里记录了成本10万元，但是又提了准备金10万元。在利润表中，收入已经减掉了10万元的折旧成本；而在现金流量表中，经营所得的现金也增加了10万元。我们再用公式来解释一下，如下：

净利润 = 收入 − 费用

净利润 = 收入 − 不含折旧费用的其他费用 − 折旧费用

净利润 =（现金收入 − 现金支出）− 折旧费用（移项）

现金收入 − 现金支出 = 净利润 + 折旧费用

经营活动现金净流入 = 净利润 + 折旧费用

通过这组公式的转换，也能证明经营所得现金包括计提的固定资产折旧费用。同样，例子中的第 2 项为计提各项资产减值准备，根据公式同样也可以证明，如下：

净利润 = 收入 − 费用 − 处理资产损失

净利润 =（现金收入 − 现金支出）− 处理资产损失（移项）

现金收入 − 现金支出 = 净利润 + 处理资产损失

经营活动现金净流入 = 净利润 + 处理资产损失

经过这样的证明，我们就可以计算得出现金运营指数中的经营所得现金包括：净利润 + 处理资产损失 + 折旧费用，我们记为①。但要注意，这不是经营所得现金的全部。

需要解决的问题是，在经营过程中，还有处置资产收益、投资收益和利息支出，这些如何处理？处置资产收益和投资收益并不是企业的经营行为，比如，小超市卖掉空矿泉水瓶子赚了 10 元，这不属于超市的经营行为，用超市赚来的钱买股票赚了钱，也属于副业，所以需要把这两种收益减掉。

还有一项就是利息支出。利息支出是企业在经营过程中借款所发生的费用，这钱借来干什么了？当然是经营所用。既然是经营时期用的钱，我们就得把这钱加回来。

不过，无论处置资产收益、投资收益还是加回来的利息支出，都是企业赚的钱，赚的钱就要征所得税，所以我们用（利息支出 − 处置资产收益 + 投资收益）× 33%，把它记为②，这些钱要和①相加，才是全部的经营所得现金，即：

经营所得现金 = 净利润 + 计提各项资产减值准备 + 固定资产折旧 +（利息支出 − 处置资产收益 + 投资收益）× 33%

说完了经营所得现金，再来看经营性资产净增加。由于应收的就是别人欠我们的，应付的就是我们欠别人的，所以存货增加和经营性应收项目增加属于资产增加，而经营性应付项目增加属于资产减少。也就是说，经营性资产净增加 = 存货增加 + 经营性就收项目增加 − 经营性应付项目增加，记为③。这样总结了现金运营指数公式中的各项，可以把公式简化成（① + ② − ③）/（① + ②）。我们把前文要求计算现金运营指数的例子按照总结的公式计算出来：

① = 净利润 1,000 + 计提各项资产减值准备 400 + 计提固定资产折旧 300 = 1,700

② =（利息支出 15 − 处置资产收益 20 − 投资收益 24）× 33% = −9.57

③ = 存货增加 30 + 经营性应收项目增加 38 − 经营性应付项目增加 52 = 16

① + ② − ③ = 1,700 − 9.57 − 16 = 1,674.43

①+②=1,690.43

(①+②-③)/(①+②)=1,674.43/1,690.43=0.99

各项数据都可以在资产负债表、利润表和现金流量表中查到。该指标非常繁复，但是它的意义非同寻常，现金运营指数看的就是收益质量，如果只有收益而收益质量不高，只能是金玉其外、败絮其中了。

第 11 章
财报分析，换个思路更清晰

学完了财务报表，该卷起袖子干点什么了。虽然由于具体情况的限制，我们只能进行大致估价，不过，只要做到估价尽量保守，安全边际尽量做得远一点，大致的估价也会产生某种指导意义。

机会成本：天下没有免费的午餐

俗话说：天下没有免费的午餐。这句话到底是什么意思呢？根据不同语境可以给出不同的解释，但在经济学里它特指机会成本。成本很好理解，可加上"机会"二字，理解起来就有一些难度了。

为了更好地理解，我们还是用例子来说明。比如，你大学刚刚毕业，有两份工作摆在面前：A 工作薪酬每月 3,000 元，B 工作薪酬每月 3,500 元。你会选哪一份呢？如果单从利益最大化的角度来考虑，肯定选 B 工作，因为选 B 比选 A 可以多赚 500 元。那选择做 B 工作能赚多少钱呢？

如果你回答赚 3,500 元就错了，你只赚了 500 元。这是因为做 A 工作也可以得到 3,000 元的薪酬，而你选择了 B 工作。也就是说，你放弃了 A 工作这个机会，而这个机会所占的成本就叫作"机会成本"。做任何一件事都会放弃做其他事的机会，也就是增加了做其他的机会成本。这就是"天下没有免费的午餐"的道理。

如果这样解释，理解起来还有一定的难度，那么我们再来看下面这个例子。比如，一个朋友找你合伙做生意，他告诉你投入 100 元，一年可以赚 1 元。这个生意你做不做呢？假设长期国债的利率为 3.52%。把这 100 元购买长期国债，每年的收益是 3.52 元，比投资企业还要多，那么投资企业肯定是不合适的。

如果这个朋友说，你投入 100 元，一年可以赚 10 元，你会不会投资呢？在经过反复考察后，你发现风险很小，愿意投资。那么你赚了多少钱呢？通过上面的一番学习，你已经知道了，赚到的钱肯定不是 10 元，而是 6.48 元。还是那句话，我什么也不干，就让钱在银行里躺着，也能赚 3.52 元。我干了这个只不过是多赚了 6.48 元而已。

既然如此，那我们是买国债，还是买股票呢？如果企业不能给我们每年高于 3.52% 的增长率，就还不如买国债。为什么我们还要坚持买股票呢？不就是因为预期买股票可以得到比买国债更多的收益吗？如果这个大前提都不存在了，那么买股票还有什么意义呢？也正因为如此，我们在购买股票之前先要了解企业的收益率。它到底能不能超过长期国债收益率？如果不能，就可以暂时把它放到一边。这样，一批暂时不适合投资的企业就被筛选出来了。

溢价：你给的比我要的还多吗

投资企业比购买长期国债每年多出来的那部分收益就是风险收益。我们买股票就是冒着风险来的。风险收益越多，说明投资越正确。找人合伙做生意，当然是赚得越多越好，越高于长期国债收益越好。

我们沿用上一节朋友做生意的例子。朋友做生意，让你投资100元，至于赚多少他也不确定，但是你觉得前景确实不错，所以决定试一试。这时，你所要求的收益只要达到长期国债的收益就可以。也就是说，投资100元，每年能赚3.52元，你就很满足了。

事实上，企业一年赚了10元，比同期长期国债收益多了6.48元。这6.48元是你真正赚到的钱。这是从收益的角度来看的，现在我们需要从另一个角度来分析这件事。

按照最初的设想，企业的总资产是100元，如果一年之后变成了103.52元，那么总资产增加了没有？账面上是增加了，实际上是没有，因为即使你什么也不干它也会变成103.52元。而一年后赚了10元，实际增加了6.48元，这是企业的价值所在。它的价值就是可以创造比我们要的更多的价值。如此说来，这笔生意值得一做。

如果你想出售的话，这家企业值多少钱呢？我们有一个计算的公式。

公式说

企业价值=账面价值+溢价

在这个公式中，决定企业价值的变量有两个：账面价值和溢价。什么是账面价值呢？所谓账面价值就是企业的净资产。因为企业有它的价值，能创造出比我们最低要求还多的价值，所以它是一个炼金的机器，只要把一块金子放进去，它早晚会变出两块金子。如果出售的话，肯定不能以一块金子的价格卖出去，还得算上以后能产出的金子。预期增加的部分就叫作"溢价"。

如果没有意外的话，一般的假设是企业可以长期生存下去，那么如何计算溢价就成了比较棘手的问题了。按照例子中假设的长期国债收益率的标准，我们要求最低的回报率是3.52%，接着可能要求第一年回报10%，第二年回报13%，第三年回报15%……可是，越往后的事我们越难估计，同时它还会受到收益递减规律的制约，不可能一直涨到天上去。

尽管如此，我们总归明白了一件事，就是企业价值等于账面价值加上溢价，而溢价并不是单单一年的溢价，而是理论上永久的溢价。那么企业价值公式就变成了：账面价值＋第一年溢价＋第二年溢价＋第三年溢价＋…＋第 N 年溢价。这样就可以解释为什么有的企业每股账面价值是 1 元，预期溢价是 0.2 元，它却能卖到几十元，因为后面还有第 N 年溢价的问题。

如果企业能创造的溢价越高，说明它创造价值的能力就越大，市净率就越大。

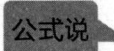

市净率 = 市场价格 / 账面价值

对于市净率而言，比值越大就说明溢价越多，比值越小就说明溢价越少。还有一种情况，如果比值小于 1，那就说明市场价格要低于账面价值，即溢价是负的。当溢价为负值时，企业不能创造出比我们最低要求还多的价值，还要不停地吞噬原有价值。这样一来，该企业的投资情况就不容乐观了。所以，对于身为投资者的我们来讲，排除市净率小于 1 的企业就是下一步要做的。

折现：这一秒的钱值钱，还是下一秒的钱值钱

人们常说现在的钱越来越不值钱了，说的是通货膨胀的问题，和我们所要讲的有那么一点关系。随着经济不断发展，流通速度越来越快，需要用于流通的钱就会越来越少。当年明月在《明朝那些事儿》里面说，有人说明朝灭亡的原因，有一个就是因为没有钱，其实不是真的没有钱，而是缺少流通。大明王朝使用的是银本位货币制度，适度的通货膨胀是必然的，钱越来越多，购买力也会越来越低，钱越来越不值钱了。所以，这一秒的钱永远比下一秒的钱值钱。

这里还有一个问题，那就是如果你今年欠我 100 元，明年还我 100 元，这样做是非常不科学的。因为如果我不把钱借给你，就让它在银行里"睡大觉"，假设 3.52% 是银行存款的年利率，一年之后我还能得到 103.52 元。所以，明年你至少要还我 103.52 元。要是只还 100 元，借款的价值就至少减少了 3.5%。

为什么要讨论钱越来越不值钱的问题呢？因为我们需要了解折现的问题。打

个比方。如果我现在有 100 元，存在银行明年变成 103.52 元，取出来连本带息再存一年，变成 107.16 元。那我反过来问，明年我想得到 103.52 元，我现在应该付出多少钱？反推着计算回来就是现在得拿出 100 元。如果我再问，每年年利率为 3.52%，我两年后想得到 107.16 元，我现在得付多少钱？还是现在拿出 100 元。这种将未来的现金按照一定利率折成现在的钱的方式，就叫作"折现"。

公式说

Excel 里的折现公式为：pv（rate, nper, pmt, fv）

这里的 pv 就是折现值，rate 是折现率，nper 为投资期，pmt 为每期所支付的现金，fv 为终值，也就是未来要实现的现金数值。

我们设定年利率为 3.52%，时限为一年，其间并不向外取钱，一年后想要得到的现金为 100 元。输入的公式为"=pv(3.52%,1,0,100)"，计算出来的结果为"–96.60"元。为什么是负值？因为要从我们钱包里拿出来，相对我们而言就是负值了。从公式可以得出，一年时间年利率为 3.52%，最后拿到 100 元，我们现在需要支付 96.60 元。这就是折现。

此外，刘顺仁先生在《财报就像一本故事书》中举了一个更有意思也更贴近生活的例子。比如你目前的工资是每年 10 万元。现在有个机会可以去读一个学位，学费 20 万元。有了这个学位，年薪将增加到 15 万元。如果你现在 35 岁，60 岁退休，还可以工作 25 年。那么这个学位到底是读还是不读好呢？

现在就让我们抛开理想及对知识渴求等人为因素，单从经济效益这个角度来分析一下。如果有了这个学位，以工作 25 年计，年薪每年多了 5 万元，25 年就是 125 万元。这个结果确实比 20 万元学费要高得多。但是，我们很清楚 125 万元是未来的收益，而且是理论上的数字，这一秒的钱永远要比下一秒的钱更值钱。所以，我们还需要算一下折现价值。

一年后增加 5 万元，按现在的年利率 3.52% 来说，也就是现在的 4.83 万，以此类推，第二年的 5 万元相于现在的 4.83 万。那 25 年后的 5 万元相当于现在的 2.11 万元，所有这 25 年多出来的 125 万元未来的现金值，全部折现到现在的话是 82.23 万元（将每年的折现值相加）。

从经济价值这个角度来说，一次性支付 20 万元学费之后可以得到当下折现后的 82.23 万元。以现在的标准来看，一下子就赚了 62.23 万元，还是非常划算的。折现很残酷，25 年后的 5 万元，按很低的利率折到现在也就只有 2.11 万元了。为什么要折现？还是因为溢价的问题。

溢价是未来实现的，而我们需要现在为它埋单，但是现在的钱比未来的钱值钱，所以我们需要将它未来的溢价进行折现。

估值定价：它值多少钱

企业的价格估值模型中有两个变量：一个是账面价值，另一个就是溢价的问题。企业每年的账面价值都是不同的，相应地，随着运营状况的起伏，溢价的标准也会有所变动。

不过，这个模型毕竟只是对企业定价的简单计算。在此之前，我们还需要为企业定性。如果一家企业资产结构稳定，并且没有任何负债风险，那基本上就可以将其定位为投资环境的企业，现在要做的就只是给它一个合理的价格。由于给定了前提条件，所以它的账面价值基本上可以不用管，只看它今后若干年内能带给我们多少溢价。那么，我们只对溢价部分埋单。

就像一台炼金的机器，它明年能出 10 克黄金，假设根据 3.52% 的折现率，我今年只需要付 9.66 克黄金就可以了，那么这台机器对于我来说真实的价值就是 9.49 克黄金。如果这台机器可以存在两年，每年产出 10 克黄金，需要支付 18.03 克黄金，此时这台机器对于我来说真实的价值为 18.03 克黄金。

如果这台机器能存在 100 年，我们就按 100 年来计算。可企业并不是机器，我们无法确定它还会存在多少年，每年产生多少收益。如果我们按 50 年计算，它可能 3 年内就倒闭了，我们就高估它了。如果我们按 5 年计算，它可能会成为一家存在百年以上的企业，我们又低估它了。

从收益的角度来划分，企业基本上可以划分为三类：收益递增型企业、收益平稳型企业和收益递减型企业。下面我们就针对它们逐一进行分析。

先来说收益递增型企业。从客观的角度来讲，收益递增型企业的收益也不可能无限制地增长，它在增长到一定程度的时候会变成收益平稳型企业。若是经营欠佳，也可能变成收益递减型企业。所以，在找到一家收益递增型企业之后，我们就需要先来看一下它的历史收益情况如何，如图 11.1 所示。

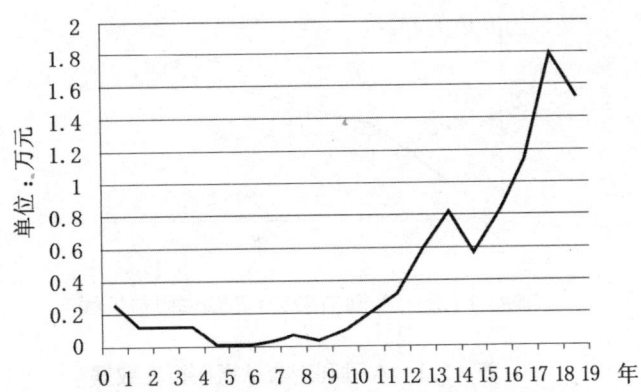

图 11.1　A 酒 19 年摊薄每股收益折线

图 11.1 为 A 酒从上市 19 年以来的摊薄每股收益。虽然前几年收益有些下降，但总体收益趋势还是向上的。A 酒收益年平均增长率约为 10%，市净率高于 1。所以，A 酒有可以创造比我们最低要求还要多的收益的能力。不过，我们还需要注意的是，不能因为它现在收益趋势是向上的，就极其乐观地说它以后每年都能增长 10%。

对此，格雷厄姆建议至少要进行 10 年的预估。大师的观点没错，但现在的情况和他所处的时代稍有不同。如果只关注 10 年的话，股价有可能一直都处在比较低的水平。所以，在这里，我们将预估的时间调整为 20 年。

尽管如此，我们在估值的时候一定要保守。保守虽然可能估值比较低，可能你没有耐心去等它足够低的时候再买进，但保守能让你不犯错误。我们也说过，买入价格直接影响到最后的收益。5 元买进与 8 元买进，对于涨到 10 元来说，一个赚 100%，一个赚 25%。所以一定要保守。

还是回到 A 酒的例子。它最近 19 年间的增长率约为 10%，我们预估其后第一个 10 年它的增长率保持不变，还是 10%；第二个 10 年我们保守一些，预估其增长率为 5%；第三个 10 年我们更保守一些，预估它没有增长，变成收益平稳型的企业。那么我们对于它的预期收益就是图 11.2 的样子。

假如 2022 年年报每股收益为 3.79 元，这样，按照上面的预估方法，多少折现率才比较合理呢？如果还按照 3.52% 的长期国债利率，那我就去买国债了。我们要求的远比 3.52% 要多，多多少？至少要多 1 倍，所以我们按照 7.04% 的折现率来计算，如表 11.1 所示。

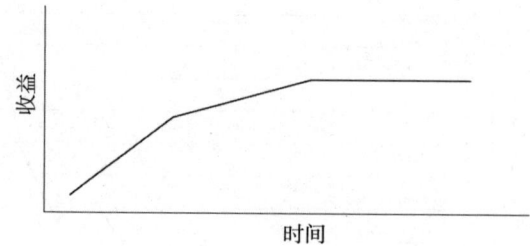

图 11.2 　 A 酒未来 20 年预估收益折线

表 11.1 　 A 酒利用收益直接折现数据

年份	预期每股收益（元）	收益折现（元）
2022	3.79	−3.54
2023	3.98	−3.47
2024	4.18	−3.40
2025	4.39	−3.34
2026	4.60	−3.27
2027	4.83	−3.21
2028	5.08	−3.15
2029	5.33	−3.09
2030	5.60	−3.04
2031	5.88	−2.98
2032	5.88	−2.78
2033	5.88	−2.60
2034	5.88	−2.43
2035	5.88	−2.27
2036	5.88	−2.12
2037	5.88	−1.98
2038	5.88	−1.84
2039	5.88	−1.73
2040	5.88	−1.61
2041	5.88	−1.51

按照表 11.1 中的折现方法，将所有的折现值加起来为 53.39 元，所以我们按照最保守的原则来投资，那么 53 元就是我们设置的分水岭了。53 元以下，按我

第 11 章
财报分析，换个思路更清晰

们对企业真实价值的分析来说，它值这个价。如果你觉得这样还是有点高估，还想要更多，至少美国股市年平均回报率都能达到 13%，你也想要 13%，方法是一样的。如果按照 13% 的折现率来计算，对于 A 酒的估值为 34.04 元，相差 19 元左右。

从这一点，我们也可以看出来，如果想赚得更多，买价就一定要低。如果你很知足，觉得 10.32% 的折现率就可以了，那就花高点儿的价格来买，只是这种预估要有个限度。

说完了 A 酒，再来看 A 机场的估价。图 11.3 是 A 机场历史平均每股收益的情况。

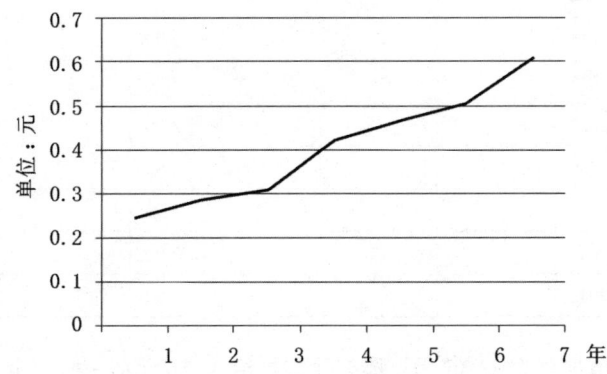

图 11.3　A 机场近 7 年每股收益折线

近 7 年，A 机场的每股收益连续 7 年上涨，年平均增速为 13.59%。我们还是按照预期 30 年的年限来估价，本着保守估价的原则，第一个 10 年预估每股收益增长为 10%，第二个 10 年为 5%，第三个 10 年为 0。还是列出估出表，再计算出折现值加总，我们用 7.04% 的折现率来折现，如表 11.2 所示。

表 11.2　A 机场利用收益直接折现数据

年份	预期每股收益（元）	收益折现（元）
2021	1.98	−1.85
2022	2.12	−1.93
2023	2.27	−1.85
2024	2.43	−1.85
2025	2.60	−1.85

(续)

年份	预期每股收益（元）	收益折现（元）
2026	2.78	−1.85
2027	2.98	−1.85
2028	3.19	−1.85
2029	3.41	−1.85
2030	3.65	−1.85
2031	3.90	−1.85
2032	3.90	−1.72
2033	3.90	−1.61
2034	3.90	−1.5
2035	3.90	−1.41
2036	3.90	−1.31
2037	3.90	−1.23
2038	3.90	−1.15
2039	3.90	−1.07
2040	3.90	−1.00
2041	3.90	−0.93

将折现值加总为 33.36 元，那么我们再给 33.36 元加一些安全边际，而现在的价格确实存在着低估的问题。如果按照 13% 的折现率来估价，其价值为 20.50 元。

现在，针对 A 机场，我们给出了两个档次的价位。为什么要这样做呢？这是因为，我们在进行估价的时候会出现一定的误差。有时候因为高估而过早地进场，就会被套一段时间；有时候又会因为对它有所低估，一直在等低价，结果没到低价它就上涨了。无论前者还是后者，如果发生这样的事情就太尴尬了。

所以，为了谨慎起见，建议大家将折现率分为几档进行估价，在每档价格达到条件时分批进场。这样一来，一可以避免在错估的时候一次性进场的损失，二可以避免因为过分低估而买不到股票的尴尬局面。

收益平稳型企业就相对简单了。我们不对它进行任何预估，它现在是多少收益，以后也假定它就是多少收益，用给出的公式进行计算，将最终的折现值相加即可。

至于收益递减型企业，估价对于它来说已经不那么重要了。因为它运营情况不佳，很多投资者在发现企业的真实情况之后会观望，继而大量减持甚至停止投资。

什么时候买进的问题说完了，那么什么时候卖出呢？股神巴菲特为我们提供了一个很好的样本。他在股价到达 16 元的时候卖出了中石油的股票。为什么要卖呢？这里面还是关系着无风险收益的问题。按长期国债的利率 5.32% 来计算，第二年除了本金之外，我还能收获利息 5.32 元。当时，中石油的年报中显示当时每股收益接近 0.8 元，而股价达到 16 元的时候，正好收益率是 5%。这个数字和长期国债收益率相差无几。如果股价再高，分母就越大，那么收益率就会低于 5%。

如果你是一个理性投资人，计算出这样的结果，还会继续买进中石油的股票吗？所以，在这个时候抛出中石油股票正是最恰当的时机。这样来看，什么时候买进，什么时候卖出，大致上可以做出一个初步的判断了。

分散投资和偶然机会：鸡蛋和篮子

价值投资必须将筹码分散开，因为我们对于收益是预估的，而预估的东西就带有一定的风险性，很有可能会出现分析错误的情况。错了怎么办呢？是因为价值投资的总原则错了吗？显然不是。真正的原因是凡事都是有一定概率的。预估既然有一定的风险性，就会有正误交替出现的情况。所以，我们要尽可能把筹码分散开。这样分析正确的概率就会变大了。

不过，筹码只是放在篮子里的鸡蛋，我们还有选择篮子的问题。篮子（股票）有 2,000 多只，就算我们分析财务报表来筛选，最少也能剩下 100 只，我们不可能将 100 只股票都买进，只能进行选择。那么该如何选呢？可以肯定的是，有核心竞争力的企业通常都是龙头企业。但是，确定这一点之后还不能完全解决问题，因为龙头企业的股票价格通常情况下都很高。这时候就用到价值投资了。

巴菲特总强调以合理的价格买进，到底合理的价格要有怎样的合理性？它不是看到经营状况良好的公司就拼命提高其市盈率，看到经营状况不佳的公司就"痛打落水狗"，而是要找到它真正的内在价值，这就用到估值模型了。此外，还要加上安全边际。不过，最后还要取决于你是哪种类型的交易者。

而有些时候这些篮子会出现一些问题，比如奶业制品出现了问题、白酒出现了塑化剂、肉业出现了瘦肉精。但是，上述商品都是我们生活的必需品，问题一旦解决了，价格还会回归价值。这些问题都是偶发性问题，而 VCD 机被淘汰就是永远的问题了。所以,一旦遇到了这样的事情,就是我们逢低介入的机会。平时找不到龙头企业股票低价的时候,这是千载难逢的好时机,但是要注意的是,你要找到所谓"合理"的价格。

总　结

　　关于价值投资，无论写多少本书，出了多少专著，其实也就是一句话，把它当成生意来做。你要的不是一夜暴富，不是一年几倍，而是踏踏实实地坐下来，算算账。算算它到底值多少钱，再看看你愿意出多少钱来买它。好的企业其实有两点最重要：一为开源，二为节流。开源，关注的是收入是否可持续；而节流需要弄明白成本费用是否可控制。

　　也许你会说自己不是企业的经营者，你想对企业进行财务分析，可是根本无从下手。这不是问题，企业的经营者就是企业的家长。你可以把企业的经营当作家庭的日常经济开支，无外乎也就是那两点——开源和节流。能不能赚来钱，能不能再省一点。用洗脚水来冲马桶的家庭和水龙头无时无刻总是开着的家庭相比，哪一个家庭会过得更好呢？

　　同样，你也可以类比，一家节俭到打印纸会两面用的企业和一家无处不铺张浪费的企业相比，谁的成本会更少一些呢？答案很明显。重要的是你从什么地方能找到数据并得出答案呢？这也是本书最想告诉大家的，财务报表中的科目繁多，总得给专业外人士认知范围内能对应上的项。

　　比如，是否节俭看管理费用，是否拮据看财务费用，是否有竞争力看毛利润，是否提高效率看成本，财务有没有危机看负债，是否赚钱看净利润，有没有活动资金看自由现金流，等等。

　　可以量化分析的数据，是我们评判一家企业好坏的依据。但一切数据都量化分析了，未免显得有些不知变通了。儒家讲男女授受不亲，这是经，但嫂溺还要援之以手，这就是权。有时要从经，有时要从权。

　　比如我们重点说的毛利率，给出了一个量化分界线为30%，可任何企业都需要在30%以上吗？大型超市却是越低越好，好的超市毛利率通常都在10%左右，甚至低于10%。再比如奢侈品，如果毛利率仅仅为30%，它就不是奢侈品了，而是普通商品。所以从权时，我们首先要为企业的主营业务进行定性，定性后再进行量化分析，才能有的放矢。

　　从这一点可以看出，经济无处不在，看似高深莫测的财务分析，只不过是利用我们日常生活中日用而不知的常识来先行判断。不要担心，不要畏难，报表分析只不过是将我们的常识进行归纳总结，推出一些我们平时不会注意到的论点，再系统地将常识进行量化，从而得出结论。

如果你是一个在生活中注意观察的人，如果你是一个热爱生活的人，我想这些对你来说，并不算难。